JN273414

経営者利益予測情報論

孔 炳龍 著

東京 森山書店 発行

は　し　が　き

　著者が会計学に接したのは1987年のことである。現在にいたるまでに，会計（利益）情報の有用性に関心を持っている。利益を中心とする会計情報が投資者に有用であるのか否か，会計学者の中で様々な見解が分かれるところであるが，有用であるという確信に至っている。

　会計情報が有用であるか否かを考える場合に，AAAの基礎的会計ステートメント（ASOBAT）は多くの示唆を与えてくれた。「目的適合性」という概念の奥深さと，その後のFASBの財務会計の諸概念第2号（SFAC 2）号でさらに加わった「信頼性」の概念と合わせて，そのトレード・オフの関係に考察は進んでいった。

　一方，研究のはじめに，そして現在でも著者に多くの影響を与えた理論として，会計畑の人にはあまり馴染みの無い「効率的市場仮説」という理論がある。この市場効率性にはとても魅せられた。その背後には，合理的経済人という，投資者の合理的な意思決定が前提になっており，本書において一部肯定し（セミストロング・フォームの市場効率性），一部否定（ストロング・フォームの市場効率性）している。

　また，Sorter (1969) の唱えた事象理論も多くの示唆を与えてくれた。著者は，様々な理論の中で，現在の経済事実（実証研究の結果）により適合する理論を構築するように試みているのであるが，その際に，効率的市場仮説や事象理論は大いに貢献している。

　著者に会計学の研究の仕方をはじめて教えて下さったのは，大学院修士時代のゼミナールの恩師，井上良二先生である。先生には著者の芽を発育させ，会計学への経済学的アプローチを実らせるのに，終始変わらぬ温かいご指導をいただいた。井上先生には，公私にわたる教えを現在も賜っている。井上先生なくして，この書は日の目を見ることはなかったであろう。また，経済学的アプ

ローチをする上で，その経済学の基礎を教えていただいたのは，学部時代のゼミナールの恩師，浅野栄一先生であった。また，大学院の博士後期課程のゼミナールの恩師，田中茂次先生にも会計言語を教えていただいた。また，故内山力先生には，大学院修士時代に指導していただいた。先生には著者の理想とする研究教育者の姿をみる思いである。

故岡田純一先生にも，大学院修士時代に公私にわたりお世話になった。井上先生の門下生になれたのもひとえに岡田先生からのご紹介があってであると深く感謝している次第である。岡田先生には研究者として必要な心構えのご教示を受けた。

著者は，故飯野利夫先生の主催されていた飯野背広ゼミナールに参加させていただいていたのであるが，飯野先生をはじめ，中瀬忠和先生，岡村勝義先生，朝倉和俊先生，大野功一先生，梅原秀継先生，渡辺竜介先生など中央大学関係の先生方に多くのご教示をいただいており，ここに感謝を述べたい。

また，小林秀行先生にはとりわけ制度会計についてご教示を得ており，小林先生の駿河台大学在職時代から公私にわたる教えを現在も賜っている。

本書がこのように出版できるようになるためには，森山書店の皆様方の一方ならぬご協力のあったことをここに記さなければならない。とりわけ土屋貞敏氏には厚く感謝申しあげたい。

なお本書は，ここ数年にわたって，『産業経理』，『経理研究』そして研究紀要『駿河台経済論集』『小樽短期大学研究紀要』に掲載された論文を加筆・修正したものである。また，本書は，平成19年度駿河台大学出版助成金を得て出版されている。ここに，駿河台大学をはじめ関係諸機関に感謝したいと思う。

著者は，この機会に著者の研究生活を陰ながらたゆまず支えてくれた父母，孔安植と金英子，そして妻，呂寅和にも深い感謝を表したい。

2008年1月

孔　炳　龍

目 次

序 章 ·· 1

第1章　資源配分機能と市場効率性 ································· 9

　第1節　資源配分機能と利害調整機能 ···································· 9
　第2節　市場効率性とアノマリー ··· 11
　第3節　行動ファイナンス ·· 20
　第4節　市場ベータの予測において有用な会計利益情報 ········ 31

第2章　会計情報の公開開示の簡素化と拡大化 ·············· 39

　第1節　会計情報のディスクロージャーのコスト及び
　　　　　ベネフィット ··· 39
　第2節　会計情報のディスクロージャーと
　　　　　セミ・ストロング・フォームの市場効率性 ············· 46
　第3節　会計情報のディスクロージャーの簡素化と拡大化 ········ 49

第3章　内部情報の有用性 ·· 55

　第1節　インサイダー取引のシグナル ·································· 55
　第2節　内部情報と市場均衡分析 ··· 60
　第3節　内部情報と経営者の会計行動 ·································· 63
　第4節　内部情報の開示の時期 ·· 65

第4章　経営者利益予測情報の有用性 ····························· 71

　第1節　アメリカにおける経営者予測情報開示をめぐる経緯 ········ 71
　第2節　レギュレーションFDの概要と問題点 ······················ 74

     第3節　MD＆Aの概要と問題点 …………………………………… 76
     第4節　経営者利益予測情報の正確性と市場の効率性 ………… 78
       (1)　予 測 の 正 確 性 ………………………………………………… 78
       (2)　情報の有用性と市場効率性 ………………………………… 81
         ①　レギュレーション FD 施行前 ………………………… 81
         ②　レギュレーション FD 施行後 ………………………… 87
     第5節　社 会 的 選 択 論 ………………………………………………… 91
     第6節　日本における経営者利益予測情報の有用性 …………… 97
     第7節　経営者利益予測情報の予測方法 ………………………… 99

第5章　純利益とその構成要素の有用性 …… 107

     第1節　貸借対照表勘定と抽象のハシゴ ………………………… 107
     第2節　損益計算書勘定と抽象のハシゴ ………………………… 110
     第3節　純利益の構成要素の増分情報内容 ……………………… 112
     第4節　原子論的アプローチと有機論的アプローチ …………… 120

第6章　包括利益の有用性 …………………………………… 127

     第1節　包括利益と抽象のハシゴ ………………………………… 127
     第2節　包括利益とその構成要素の関係 ………………………… 130
     第3節　包括利益の有用性の存否 ………………………………… 132
     第4節　会計利益の属性の比較 …………………………………… 139
     第5節　会計利益の相対的有用性 ………………………………… 141
     第6節　会計利益情報の有用性の条件 …………………………… 145
     第7節　原子論的アプローチと有機論的アプローチの統合 …… 150
       (1)　原子論的アプローチと相対的情報内容 ………………… 150
       (2)　有機論的アプローチと増分情報内容 …………………… 151

第7章　事象理論と取得原価会計情報 ……………………………… 155

第1節　従来の会計過程における情報の流れと
　　　　　コミュニケーション ………………………………………… 155
第2節　これまでの取得原価会計情報と意味論 ……………………… 158
第3節　目的適合性と信頼性 …………………………………………… 162
第4節　事象理論とウェブベース会計情報 …………………………… 164
第5節　内部情報と財務分析の方向性 ………………………………… 167

結　　び ……………………………………………………………… 171

参考文献　(175)
初出一覧　(185)
索　引　(187)

序　章

　方法論的検討がおこなわれる場合には，当該学問の研究対象と研究方法とが問題にされることはいうまでもないであろう。研究方法として科学的方法を適用しようと考えるとき，自然科学と異なる社会科学の理論の研究対象の特殊性を十分に認識する必要がある。研究対象が研究方法を規定する一つの側面があるからである。財務会計論の場合にもそれは適用除外とされることはない。財務会計も一つの社会的行動であり，財務会計といわれる行動（以下，財務会計行動という）によって会計の諸事象（会計事実といわれる）が引き起こされる以上は，財務会計論は社会科学の一部分を構成するはずである。社会科学では，研究方法に関して実証理論と規範理論があるといわれる。それは，社会科学が自然科学と異なり，自然現象ではなく，人間の行動によって引き起こされる社会事象を研究対象とするという特殊性の当然の帰結である。ある社会現象が生じ，存在している理由を明らかにすることはある自然現象が生じ，なぜ存在しているかを明らかにするものと同じ研究方法を採用することができるであろう。だが，社会現象には，現に生起しているものと異なるよりよい社会現象を導き出す理論が存在する。望ましい社会事象を引き起こす行動を規範的に記述して，それを遵守させるのである。これは操作可能な人間の行動を研究対象とする社会科学特有のものであるといえるであろう。これが社会事象を研究対象とし，規範的方法を研究方法とすることによって成立する規範理論である。むろん，ここには，規範的方法が論理学的な推論規則を充足するものであるかどうかという重要な検討課題が存在する。いま，とりあえず，現実の会計事象を明らかにする理論を実証理論，あるべき理想としての会計事実を導く理論を規範理論とよんでおくことにしよう。

これは，研究対象によって会計理論を大きく二つにわけ，一つは実証理論であり他の一つは規範理論としているものである。しかしながら井上（良）(1995)によると，財務会計論はさらに仮説形成・正当化の方法によっても分類ができるとする。第一は，仮説演繹法によるもので，上記の実証理論ではこれが用いられる。第二に演繹法によるもので，規範理論の場合にはこれが用いられる。

　研究方法によって分類するという考え方をさらに推し進めれば，財務会計理論に関して帰納的方法を用いることが考えられるはずである。帰納的方法により仮説を形成し，帰納的方法によってその仮説を検証するのである。この場合には，仮説が決定論的仮説であり，また，確証も決定論的確証が得られるのであれば最善であろうが，通常は，仮説が決定論的仮説であっても正当化のための確証は確率論的確証であろう。統計的仮説検定は，この確率論的確証の例であると考えられる。

　Yu (1976) や Watts and Zimmerman (1986) によって仮説演繹法を基礎とする説明と予測の理論としての会計理論の重要性が説かれたことは記憶に新しい。むろん，著者としては，このような仮説演繹法に厳密に従う実証理論の存在が皆無であったという訳ではない。優れた理論の形成が試みられてきたことは否定できない。だが，従来，実証研究といわれてきたものは，ともすれば，現実問題として本書で先に述べた帰納法的方法に基づく方法論的基礎によって仮説の形成がおこなわれ，その仮説からの演繹的な推論による検証されるべき命題の引き出しを経ることなく，その仮説命題が帰納的な手法（統計的手法）で検証されたものであったのではないかと考える。これは仮説演繹法に基づく仮説の形成と検証ではなく，帰納法に基づく仮説の形成と検証であり，本書ではこれを記述理論と呼び，説明・予測理論としての事実解明理論とは別個のものであると位置づけておきたい。この方法論の特徴を再言すれば，この方法においては，実際に生じている事象を観察し，それを抽象することによって仮説を定立する。その仮説の真偽は，確率論的確証によって判断される。この場合には，仮説そのものの検証が中心になり，アドホックな命題の真偽が判定されることになると考えられる。したがって，この方法のもっとも大きな問題点

序章 3

は，個々の経験事象を「特称命題」でしか表現し得ず，演繹法的な「全称命題」すなわち，「すべての×××は○○○である」という命題を形成することができない。したがって，この場合には，アドホックな命題の集合となり，それらの相互関係の確立，ひいてはそれらの体系化は，必ずしも容易ではないと考えられるのである。それに対して，仮説演繹法は，現代では科学的方法とよばれるもので，一般に科学理論はこの方法に基づいているといわれる。その場合の，理論は典型的には次のような四つの段階をへて成立すると考えられる。

（1）　仮説の設定
（2）　その仮説より実験観察可能な命題
（3）　その命題の実験観察によるテスト
（4）　その結果が満足なものであれば，先の仮説の受容。ただし，その結果が不満足なものであれば，先の仮説は修正または破棄される[1]。

Hempel (1966) によると，(1) 仮説の設定とは，前もって集められたデータから帰納的推論によって推論されると考えられる。これは演繹的推論とは異なる。演繹的推論では，前提と結論の関係は，前提が真であるならば，結論も真ならざるをえない。この種の論法は，しばしば一般から特殊へと導く。一方，帰納的推論は，特定の場合についての前提から，一般法則または原理の性格を有する結論へ導く。(2) のその仮説より実験観察可能な命題と (3) のその命題の実験観察によるテストについて，Hempel (1966) は，仮説はもし種類 C の条件が実現されれば，種類 E の事象が起こるであろうという条件文のかたちになると述べている。その場合，その命題は，それが客観的に経験的テストに原理的にかけうるものでない限り，科学的な仮説または理論として提案される意義はないと示している。そして (4) 先の仮説の受容または修正もしくは破棄については，Hempel (1966) は，たとえ非常に広範囲で厳しいテストの結果が肯定的なものであったとしても，それによってある仮説に決定的な立証を与えることはできないものの，ただそれに多かれ少なかれ強い証拠に基づいた支持（または確証）を与えることができるだけなのであると示している。そこで，与えられた一群の証拠によってある仮説が支持されるその強さであるが，

Hempel (1966) によると，それは，次の種々の特性に依存している。

　種々の特性の中でも特に重要なのは，① 入手しうる関係の証拠の範囲と性格と，② その証拠が仮説に与える支持の強さである。またさらに，Hempel (1966) は，仮説を支持する証拠の量，種類，正確さもその種々の特性に含まれるであろうと指摘している。

　さらに，いま一つの演繹法であるが，それは一定の前提から論理学上の構文論的規則を用いて結論を導き出す推論形式であり，演繹的推論といわれる。この場合，公理はそこでの前提に，定理は結論に相当する。演繹法において前提となる仮説は，これから真偽を検証する仮説として定理は不適格である。というのは，定理は前提から導かれ，前提が真であれば結論も真であるはずであるからである。一方，公理であるが，帰納法によれば，経験の一般化によっておこなわれることになる。ただし，完全な一般化は不可能である。すなわち，部分を観察して全体を推し量るという意味での飛躍が生ずることになる。したがって，演繹法では純粋に考えるならば，演繹法の仮説の形成に帰納法を導入することは考えられない。ゆえに，その意味では，経験の一般化ではなく，ア・プリオリな直感または発想による公理つまり仮説の形成がおこなわれるといえる。しかしながら，井上（良）(1995) によると，公理が帰納的方法ではなく，ア・プリオリに直感によって形成されるだけならば，演繹的推論固有によって公理の真偽の判断をおこなうことはできないと考えられる。そこでは推論の妥当性のみが問題になるだけである。ゆえに，その場合には，演繹法が単独で用いられるのではなく，帰納法的な検証と結合されることが必要であるといえよう。このように考えられるならば，それとの関係で理論は演繹的方法に基づく規範理論，仮説演繹法に基づく説明・予測理論，帰納的方法に基づく記述理論とすることが可能になろう。

　以上により，財務会計論は，演繹的方法に基づく規範的理論，仮説演繹法に基づく説明理論，帰納的方法に基づく記述理論とに分けることが可能であることを明らかにし得たものと考える。Kelly (1983) が「実証理論は，観察された現象を事象が生じた理由を研究することによって説明しようとする。この方法

は，実際に生じたことを記述することに焦点を合わせる記述理論および生ずべきことを規定することに焦点を合わせる規範的理論とは異なる」(Kelly, 1983, p. 111)としているのはこのような意味であると解釈することができるであろう。

さて仮説演繹法と演繹法にいま少し踏み込んで考察してみよう。仮説演繹法は，研究対象を現実におこなわれている経済行動とし，それがなぜそのようにおこなわれているのかを記述したり，説明したり，まだ発見されていない現実の経済行動の姿を予見したりすることを目的とするもので，仮説形成・正当化の方法としては科学的方法を用いる経済理論であるといわれる。Friedman (1953) は，かような理論を「理論は，それを実質的な仮説の集まりとみなすならば"説明"しようとする現象の集まりにたいしてどの程度それが予測能力をもつかにしたがって判断されるべきである。事実の証拠がありさえすれば，それが"正しい"か"誤っている"か，あるいは試論的に妥当なものとして"受け入れられる"か"退けられる"かを示すことができる」(Friedman, 1953, p. 8) と述べており，仮説演繹法による理論を実証理論としている。一方，演繹法は，あるべき姿の経済行動，ゆえに研究者が価値を認めたり，正しいと信じたり，それで良いと考える経済行動を研究対象とし，仮説の妥当性を示す経済理論である。これら経済行動を会計行動に置き換え，井上（良）(1995) は，前者を事実解明的財務会計論とよび，後者を規範的財務会計論とよぶ。

井上（良）(1995) によると事実解明的理論とは，仮説演繹法を用いる理論であり，因果関係により実践あるいは会計活動の説明・予測をおこなう理論と考えることができる。Kelly (1983) によると，かような事実解明的理論には経営者が会計人として行動する場合の会計方針選択行動および反応行動の解明が含まれる。しかしながら，井上（良）(1995) はさらに，次の2つも含まれると指摘している[2]。

（1）経営者の会計基準制定に対する行動の解明。
（2）経営者の会計行動により作成された会計情報や制定された会計基準が資源配分または成果配分に影響を与えるこの経済的帰結の解明。

本書では，(2) の経済的帰結の解明を中心的に展開していく。

ここで，これまでの内容を整理して財務会計論の構成要素を分類することにしよう。井上（良）(1995)によると財務会計論の構成要素は，以下の四つにわけることができる。それらは，①規範的制度会計論，②事実解明的制度会計論，③規範的外部情報会計論，そして，④事実解明的外部情報会計論である。本書ではこのうち主に，②事実解明的制度会計論と，④事実解明的外部情報会計論を展開していくことになる。

　②事実解明的制度会計論では，企業が公表している会計情報（特に会計利益）の情報効果の存否を説明している。そして，④事実解明的外部情報会計論では，制度会計として要求されていない会計を企業が自主的におこなっている場合に，それを対象として事実解明的理論を形成するもので，本書では，経営者利益予測情報をとりあげることにする。

　こうして，本書では，これまでの実証研究でありがちな仮説の検証で終始するのではなく，言い換えれば，これまでの会計情報の情報効果を中心とする実証研究は，例外は存在するとはいえ，方法論的な考察をおこなうならば，仮説演繹法でなく帰納法に基づいていると考えられる点を問題であると考える。そこで本書では，多くの仮説の検証で得られた実証結果から全称命題を形成する努力をし，その全称命題から演繹的に推論することにより体系を形成し，無矛盾の理論体系を展開し，より現実的な法則を導くことを目指している。換言すれば，本書の方法論的基礎は帰納的方法ではなく，仮説演繹法であり，それに基づいて理論を展開することこそが課題であると考えている。この意味で，従来のいわゆる実証理論とは一線を画するものとすることが目的である。だが，そうであるからといって，帰納的方法が誤りであり，それを仮説演繹法にとって代えることを主張し得るのではない。帰納的方法と仮説演繹法は，実は，説明・予測の理論にとって車の両輪の存在であることに注意しなければならない。両者にはフィードバック関係が存在するといってよいであろう。仮説の検証によって得られた実証結果をこれまでの会計理論で説明できない場合（Ohlson (1995)モデルによる価値関連性の実証研究など）に，新たな理論を構築して，その実証結果を説明し予測することである。かような研究は，実証研

究と本来，相互補完の関係にあると思われるが，これまでの日本における会計研究では，あまり試みられてこなかった。むろん，本書も未だ完成品であるわけではなく，発展途上にあるものである。その意味では，いまだに初歩的な問題提起をした書であるということもできよう。しかし，それはそれとして，そのような理論の研究が看過されていいということにはならないのである。本書のオリジナリティはまさにこの点にあるということができる。

　この点は，社会科学の女王であるといわれる経済学を観察することによっても明らかであろう。本来，新古典派経済学で展開されているように実証研究とは経済理論と補完的な関係にある。さすれば，これまでおこなわれてきた会計学に関する実証研究をもとに，新たな会計理論を構築することも可能であろう[3]。それは従来の会計理論では説明や予測できない多くの内容を含んでおり，本書では，そのような理論展開を試みている。

　そこで本書の構成を以下述べることにしよう。第1章資源配分機能と市場効率性では，これまで実証研究でおこなわれてきた実証研究をサーベイし，セミ・ストロング・フォームで効率的市場の場合，既存の会計利益情報ではその有用性が限られたものである可能性を指摘する。第2章会計情報の公開開示の簡素化と拡大化では，アメリカを中心に，どのような会計情報が簡素化され，一方で拡大化されるのか，効率的市場仮説から考察する。第3章内部情報の有用性では，セミ・ストロング・フォームで効率的市場では投資者に有用な情報の一つとして内部情報をとり上げ考察する。第4章経営者予測利益情報の有用性では，内部情報を含む会計情報として経営者利益予測情報をとり上げ，その有用性の実証研究をサーベイし，そこでの事実認識のもとに経営者利益予測情報の有用性を考察する。第5章純利益とその構成要素の有用性では，経営者利益予測情報の「利益」として，純利益をとり上げ，事象理論から考察する。第6章包括利益の有用性では，純利益と包括利益の相対的情報内容の実証研究をサーベイし，そこでの事実認識のもとに投資者に有用な「利益」を指摘する。第7章事象理論と取得原価会計情報では，純利益に代わる利益概念として包括利益を考えた場合，純利益に代表される実現利益（取得原価会計情報）の有用

性はどこにあるのかウェブベース会計情報として事象理論から考察する。

〔注〕
（1） 詳しくは，改訂増補版哲学辞典編集委員会（1971）を参照せよ。
（2） また井上（良）（1995）は，経営者の会計行動だけではなく，より一般的な会計基準制定行動も解明される必要があると指摘している。
（3） 会計理論の構築は必ずしも，本書で考察している方法のみでなされるものではないと思われる。しかしながら，本書のようなアプローチも必要といえるのではないだろうか。

第1章
資源配分機能と市場効率性

第1節　資源配分機能と利害調整機能

　企業は財務会計情報を，投資者をはじめとする利害関係者に提供し，利害関係者はそれを含めて多くの企業情報をもとに意思決定をすると考えられる。ゆえに財務会計は，社会的機能を有しているといえるであろう。財務会計の社会的機能を考えるとき，井上（良）(2003) が大きな示唆を与えてくれる。井上（良）(2003) が述べているように，財務会計情報の作成・伝達行動は，社会を構成するひとつの構成要素として考えることができる。この場合，財務会計情報の作成・伝達行動は社会の維持にとって何らかの順機能をもっていると考えられるが，井上（良）(2003) が述べているように，それが逆機能化している可能性もある。井上（良）(2003) は，社会が果たす機能要件に対して財務会計情報の作成・伝達行動が順機能を果たすためになされなければならないことがらを財務会計情報の作成・伝達行動の社会的機能とよんでいる。

　この場合，財務会計情報の作成・伝達行動の社会的機能には，少なくとも利害調整機能（所得分配機能）と資源配分機能の二つの機能が想定できる。利害調整機能とは，向山 (1998) が述べているように，最終的に株主に帰属する利益を算定することによって果たされると考えられる。この企業利益は，情報として伝達されることにより，各利害関係者への企業成果の分配の尺度としての意義を有する。利害調整機能は企業の所得の分配にかかわる点から井上（良）(1998) が述べている所得分配機能あるいは，醍醐 (1990) が述べているように，所得分配裁定機能ともよばれる。ただし，注意しなければいけないのは，向山

(1998) が述べているように，会計は，利害関係者間の企業所得の分配にかかわるとはいえ，そのものが分配額を決定するわけではない。例えば，他人資本提供者に対する分配である支払利息は借入時の契約ですでに確定しており，支払利息を決定するのは会計ではない。

一方，資源配分機能であるが，井上（良）(2003) が述べているように，証券市場の流通市場と発行市場それぞれでの資源配分を意味する。流通市場での資源配分であるが，ここでは，会計情報は株式の売買や保有を通じて投資者個人間への資源の配分に寄与する。また，発行市場では，投資者によって拠出された資金が他の企業に投資されていたものを回収して投資すると仮定すれば，旧投資先から新投資先への資金の移転があるといえる。すなわちそこでの資源配分は企業間配分であると考えられる。また，井上（良）(2003) が述べているように，従来銀行に預金として蓄えられていた資金が新たに投資される場合には，債権から株式への資源配分がなされたと考えられる。

この資源配分機能には，効率的市場仮説が大なり小なり関わっている。井上（良）(2003) が述べているように，効率的市場仮説が成立するならば，企業の価値は市場価値の中に正しく反映されることになる。この効率的市場仮説であるが，それは財務論から導入されたものである。

効率的市場仮説が会計学上問題とされるようになったのは，アメリカで1960 年代後半から会計情報の有用性の存否に関する実証研究が盛んにおこなわれてきたことに起因している。このアメリカでおこなわれてきた実証研究であるが，それは専ら現在公表されている会計情報が実際に投資者に利用されているかどうかに主眼があり，事実多くの実証研究が，その有用性を裏付けてきた。しかしこれらの実証研究は，会計情報が情報内容を有することを主張した半面，思いもかけない事実を発見したのである。それは，一連のこれらの実証研究がセミ・ストロング・フォームの市場効率性と同時に検定されたことから，投資者が会計情報を利用しても異常収益を平均して獲得できないということが明らかになったことである。ただし，これはパラドックスといわれるように，投資者がセミ・ストロング・フォームの市場効率性を信じないで投資活動

をすることによって，セミ・ストロング・フォームの市場効率性が成立することになる。この点で，投資者は，実際に株価収益率（price earning ratio: PER）やqレシオ，ROE（return on equity），ROI（return on investment）そしてEVA（economic value added）といった指標を使うことによって異常収益を獲得することができなくとも，異常収益が獲得できると信じて投資活動をすることが，セミ・ストロング・フォームの市場効率性が成立する前提になるのである。

第2節　市場効率性とアノマリー

　かつてアメリカにおいて，AAA（1966）の基礎的会計理論（A Statement on Basic Accounting Theory: ASOBAT）により，有用な会計情報とは何かという問題が提起された。以後，物価変動会計情報をはじめ，キャッシュ・フロー会計情報など多くの会計情報が有用であるかどうかが議論されてきている。

　一方，ASOBATと同じころ，有用な会計情報とは何かという研究とは別に，今公表されている会計情報は有用なのかという問題を提起し，証券市場でその有用性の存在を実証した会計研究者たちがいる。そのような試みをした会計研究者の先駆者として，Ball and Brown（1968）とBeaver（1968）があげられる。Ball and Brown（1968）とBeaver（1968）が会計利益情報の有用性の存否を実証してから今日まで長い年月が過ぎた。その間，アメリカや日本など多くの国々で，Ball and Brown（1968）とBeaver（1968）の実証研究を踏襲し，延長し，そして，それを前提として数々の実証研究がなされてきている。そして日本においても1980年代から今日まで会計情報の有用性の存否について多くの実証研究がなされてきた。

　Ball and Brown（1968）とBeaver（1968）の実証研究では，年次決算利益情報の公表時点における情報効果の存否について，株価を使用して算出された累積平均異常収益率に基づき評価している。その情報効果はあまり大きくなく，一般には，年次利益情報の場合，実際的有用性よりも潜在的有用性がより多くあると考えられている[1]。ところが，近年，証券市場のアノマリーと呼ばれる

実証結果が多数現れてきており，Ball and Brown（1968）と Beaver（1968）の実証研究で同時検定をおこなっているセミ・ストロング・フォームの効率的市場仮説に疑義を持つ研究者が現れてきた。彼らは，市場が非効率的であることを示唆しており，そこに投資者が年次利益情報を使用して平均して異常収益を獲得する可能性（実際的有用性）を暗示している。そこで，この相反する考え方を対置させて，以下では論じていくことにする。それでは簡潔ではあるが，先ず，Ball and Brown（1968）と Beaver（1968）の実証研究と実証結果をそれぞれ紹介しよう。

Ball and Brown（1968）は，年次利益情報と株価を使用し残差分析をおこなった。この場合，彼らはニューヨーク証券取引所上場企業をサンプルとし，その会計利益データと投資収益率を使用して年次利益情報の有用性（すなわち情報効果）の存否の実証研究をおこなっている。その場合彼らは，そのサンプルの投資収益率を会計利益の実績値とその期待値を比較して，グッドニューズ（年次利益情報の公表月の実績値がその事前の期待利益より大きい）とバッドニューズ（年次利益情報の公表月の実績値がその事前の期待利益よりも小さい）に大別し，それぞれのサンプルの投資収益率から個別企業の業績を反映する残差を算出し，その累積平均である平均異常収益率すなわち異常業績指数（Abnormal Performance Index：API）を算出している。

図1は Ball and Brown（1968）による実証結果を表している。縦軸に株式の平均異常収益率である API をとり，横軸には年次利益情報の公表月を中心にその前後の月数が示してある。この API は丁度，年次利益情報の公表月より1年前（12ヶ月前）から公表月の6ヶ月後までにわたって描写されており，1.00から発して，グッドニューズの場合は年次利益情報公表月まで上昇しており，とりわけ年次利益情報公表月の前から公表月にかけてわずかであるが異常な上昇が見られる。このことは，決算時にわずかであるが年次利益情報に情報効果（価格に新情報が瞬時に織り込まれるので平均して異常収益を獲得することはできない）を有することが実証され，そして年次利益情報と株価にプラスの相関関係があることを示唆している。すなわち，他の情報源によって事前に年次

第 2 節　市場効率性とアノマリー　　13

図 1　Ball and Brown (1968) の実証結果

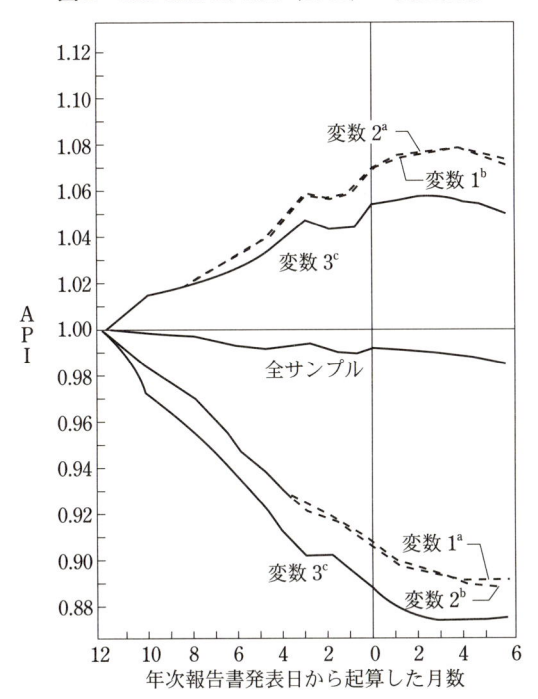

（グラフ：縦軸 API、横軸 年次報告書発表日から起算した月数 12〜−6、変数 1^a、変数 2^b、変数 3^c、全サンプル）

a. 純利益を使用した指数モデルのグッドニューズとバッドニューズの API
b. 1 株当たり利益を使用した指数モデルのグッドニューズとバッドニューズの API
c. 1 株当たり利益を使用したナイーブモデルのグッドニューズとバッドニューズの API

（出典：Ball and Brown, 1968, p. 169, 図 1）

利益情報の多くは予想されており，公表時には，市場期待の予想の信頼性が実際の年次利益情報で確認されたといえる。またこの API は，実際には過去のデータを使用しているものの，それは，事前にその新情報（グッドニューズ）を知っていたならば，どれだけの異常収益が得られたかを表している（潜在的有用性）。

　同じように，バッドニューズの場合には，API は 1.00 から発して，年次利益情報公表月まで下落しており，とりわけ年次利益情報公表月の前から公表月

にかけて異常な下落が見られる。これも決算時においてわずかであるが情報効果（価格に新情報が瞬時に織り込まれるので平均して異常収益を獲得することはできない）が見られると共に，年次利益情報と株価との間に相関関係があることを示唆する。この API は先述と同様に，事前にその新情報（バッドニュース）を知っていたならば，空売り戦略によってどれだけの異常収益が得られたかを表している（潜在的有用性）。

　同じ時期，Beaver（1968）は，Ball and Brown（1968）とは異なる手法で，年次利益情報の有用性（情報効果）の存否を実証した。彼は，Ball and Brown（1968）と同様にニューヨーク証券取引所上場の企業をサンプルとして使用し，投資収益率から市場モデルによって個別企業の業績を反映する残差を算出し，年次利益情報公表週とその前後の週とで株価を比較している。なおこの実証研究は Ball and Brown（1968）による実証研究とは異なり事前の期待利益は必要としていない。

　図 2 は Beaver（1968）による実証研究を表している。縦軸に株価の残余価格変化の二乗の平均（$\bar{U}$）をとり，横軸には年次利益情報の公表週を中心にその前後の週数が示されている。$\bar{U}$ は，年次利益情報公表期間の平均残差と非公表期間の平均残差の比であるので，年次利益情報の公表が投資者の期待を変化させるだけの情報効果を有するならば，企業 i 固有の要因である投資収益率の変動は，年次利益情報公表週と非公表週とで異なることになる。したがって，$\bar{U}_0$ の値は 1 を超えるはずである。

　図 2 を見てわかるように，年次利益情報の公表週において凸型の株価反応が見られており 1 を超えている。これは，年次利益情報に対する株価の反応を示している。すなわち，この実証結果は，Ball and Brown（1968）の実証結果でわずかにしか見られなかった年次利益情報の情報効果に対して，ここでは年次利益情報の公表が著しい情報効果を有することを示唆しており，投資者の投資意思決定に影響を与えていることを意味している。

　だが，この Beaver（1968）の実証研究は，企業規模のようなサンプル企業の諸特性を度外視した実証研究である点に問題がある。

図2　Beaver（1968）の実証結果

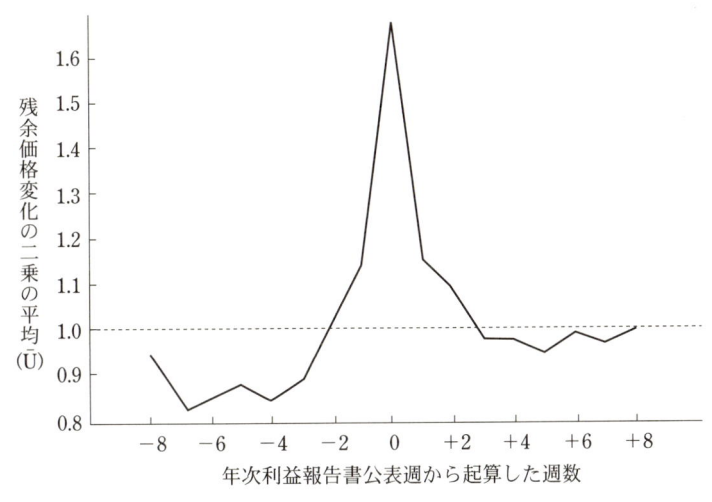

残余価格変化の二乗の平均（Ū）

縦軸目盛：0.8, 0.9, 1.0, 1.1, 1.2, 1.3, 1.4, 1.5, 1.6
横軸：年次利益報告書公表週から起算した週数（−8, −6, −4, −2, 0, +2, +4, +6, +8）

（出典：Beaver, 1968, p. 91, 図6）

　Atiase（1980）は，企業規模と決算時における情報効果と逆相関の関係にあると考えた。その発端となったのは Grant（1977）であり，彼は，ニューヨーク証券取引所上場の企業が決算時に有意な情報効果を表さない一方，店頭売りの企業において決算公表時において有意な情報効果を見出した。この結果は，同じニューヨーク証券取引所に上場されている企業を対象におこなわれた Beaver（1968）の実証結果と一致しない。そこで，Atiase（1980）は，同じニューヨーク証券取引所に上場されている企業でも Grant（1977）でサンプルとして使用された企業の規模と Beaver（1968）でサンプルとして使用された企業の規模とでは異なると考えた。すなわち，Beaver（1968）でサンプルとして使用された企業が比較的小規模な企業である一方，Grant（1977）でサンプルとして使用された企業が比較的大規模な企業であるならば，Beaver（1968）の実証で，決算公表時に多くの情報効果が表されている一方，Grant（1977）ではあまり情報効果が表れていないことの理由が明らかになる。つまり，規模が大きい企業の場合，市場期待の代替として考えられる証券アナリストの事前情報探索活動

が活発で，より多くの事前開示情報内容を有していると考えられることから，その予測が正確で，年次利益情報の決算公表時に小さな情報効果となると考えられる一方，規模が小さい企業の場合，証券アナリストはその事前情報探索活動があまり活発でなく，事前開示情報内容をあまり有していないので，市場期待の代替の予測があまり正確でなく，年次利益情報の決算公表時に大きな情報効果が生じると考えられる。

図3は，Atiase（1980）の実証結果である。ニューヨーク証券取引所またはアメリカ証券取引所に上場している企業の中で，100社の大企業を抽出し，そ

図3　大企業の情報効果

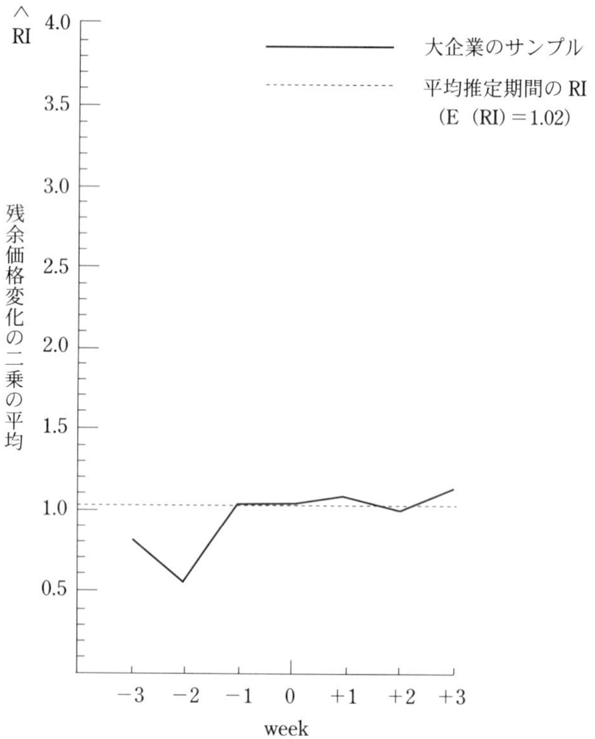

^
RI
4.0
3.5
3.0
2.5
2.0
1.5
1.0
0.5
残余価格変化の二乗の平均
大企業のサンプル
平均推定期間のRI
（E（RI）＝1.02）
−3
−2
−1
0
+1
+2
+3
week

（出典：Atiase, 1980,　p. 93,　図4）

の情報効果を表している。この図3からわかるように,大企業においては,決算公表週に有意な情報効果は見られず,決算公表以前に情報内容の大部分が証券市場に織り込まれていたことが考えられる。

Fama (1970) によれば,効率的市場仮説といっても,その情報内容によって次のように三つに類別することができる。先ず,ウィーク・フォームの効率的市場仮説であるが,これは過去の証券価格の情報内容が証券価格に迅速にかつ適正に織り込まれていることを意味する。また,セミ・ストロング・フォームの効率的市場仮説は,過去の証券価格を含め,一般に入手できる情報内容が証券価格に迅速にかつ適正に織り込まれていることを意味する。そして最後に,ストロング・フォームの効率的市場仮説だが,これは,内部情報など一般には入手できない情報内容までもが,証券価格に迅速にかつ適正に織り込まれていることを意味する。先述の Ball and Brown (1968) の実証研究は,このうち,セミ・ストロング・フォームの効率的市場仮説との同時検定をしているといえよう。

これまでアメリカを中心におこなわれてきた効率的市場仮説の各類型の検証であるが,ウィーク・フォームの検証方法としては主に二つあり,一つめの手法としては,直接,証券価格の変化の規則性を調査するもので,またもう一つの手法はフィルター・ルールと買持ち型戦略との比較によって間接的に株価変化の規則性を調べるものである[2]。

一つめの手法では,証券価格の時系列データは短期的にはわずかな系列相関を示すものの,実質的には時間的に独立していることが実証されている[3]。また,フィルター・ルールによる投資は,買持ち型戦略の投資より大きな異常収益を獲得できないことが実証された[4]。かように,ウィーク・フォームの効率的市場仮説については肯定的な実証結果が検証されてきている。

次に,セミ・ストロング・フォームの効率的市場仮説であるが,それは先述の Ball and Brown (1968) の実証研究のように,会計情報(とりわけ利益情報)の有用性の存否を検証する際に,同時検定している。セミ・ストロング・フォームの効率的市場仮説では,会計利益情報の公表時点と共に株価にその情

報が瞬時に適正に織り込まれるので，平均異常収益率は平行線となり，全くトレンドを有さないことになる。Ball and Brown（1968）の実証研究ではそのことが実証されており，このようなセミ・ストロング・フォームの効率的市場仮説を支持する実証研究として，この他に Fama et al.（1969）や Scholes（1972）があげられる[5]。

かようにして，ウィーク・フォームとセミ・ストロング・フォームの効率的市場仮説を支持する実証研究は多数存在しているのであるが，ストロング・フォームの効率的市場仮説の検定については，これは否定できるといえよう。というのは，実証研究以前に，実際に内部情報を利用して平均異常収益を獲得し捕まっている投資家が存在する現状から推察できる[6]。加えてストロング・フォームの効率的市場仮説の検定については, Mandelker（1974）と Jaffe（1974）が，内部情報のような独占的情報によって，その利用者が平均して異常収益を獲得できることを実証している。

さて，セミ・ストロング・フォームの効率的市場仮説を支持する実証研究が多数存在していることを指摘したが，このセミ・ストロング・フォームの効率的市場仮説に対してアノマリーと呼ばれる証拠がこれまでにでてきている。例えば，規模効果，1月効果，株価収益率効果（以下 PER 効果とする），そして会計発生高などがそれらである。

先ず，規模効果であるが，これは小さな規模の企業の株式の方が，大規模の企業の株式に較べて，リスクを調整した後に高い投資収益率をあげることができることを意味する。これは，Banz（1981）によって，初めて実証されたものであり，資本資産価格モデル（capital asset pricing model: CAPM）のモデルの説明力に対して疑義を有するものであった。すなわち，彼は CAPM では，投資収益率と企業の規模との間の逆相関関係を説明できないことを示唆している。しかしながら，長期的に見た場合，Banz（1981）によると，規模効果が存在しているときと，存在しないときがあることから，その効果が安定していないことが伺えるであろう。また，Brown et al.（1983）も規模効果の不安定性を実証し追認している。さらに，規模効果によって否定された CAPM であるが，その

モデルの説明力を改善することによって、規模効果を解消することができると思われる。

次に、1月効果であるが、これは1月の株式収益率が、平均すると他の月の収益率と比較して高いことを意味する。これは Wachtel (1942) によって初めて実証され、Glutekin and Glutekin (1983) による実証によって追認されている。しかしながら、Lakonishok and Smidt (1989) は、それらに対して、ニューヨークダウ30種平均と呼ばれる株価指数の収益率を調査し、かならずしも1月だけが平均して高い収益率でないこと、そして二つの期間にまたがり、継続的に高い収益率をあげている月がないことを指摘している。また、1月効果は、規模効果と高い相関があり、小規模の企業の株式の1月の収益率が高いことが知られている。この点から、規模効果のところで述べたように、CAPM の説明力を改善することによって、1月効果も解消できると思われる。

次に、PER効果であるが、これは、PERが低い企業がある場合、その株を購入すると、しばらくして株価が上昇しその株を売却することによってキャピタルゲインを平均して獲得できると主張している。この場合の、PERの算出にあたって、一株当たり利益に実績値を使用するのか、それとも予測値を使用するのかで考え方が異なると思われるが、ここでは、実績値を使用して異常収益を平均して得られるという証拠としてPER効果があげられる。アメリカでは、Nicholson (1960)、Basu (1977) そして、Lakonishok et al. (1994) が実証している。しかしながら、これまで述べてきたアノマリーである規模効果、1月効果、そしてPER効果は、CAPMの説明能力の改善によって、すなわち、隠れたリスク・ファクターを見つけることによって解消することができ、これらのことから直接、セミ・ストロング・フォームの効率的市場仮説を否定する必要はないと考えられる。

一方、これから述べる会計発生高を利用した投資戦略は、モデルの説明力の改善では解消できないものといえる。この会計発生高を利用した投資戦略とは、当期の会計利益と当期のキャッシュ・フローの差額である会計発生高に基づいて十分位数ポートフォリオを作成し、第1十分位数ポートフォリオを購入

して、第10分位数ポートフォリオを空売りする戦略のことである。Sloan (1996) の実証研究では、かような戦略で、1年後に10.4％の異常投資収益を獲得できることが実証されている。また、同様の手法によって Richardson et al. (2001) と Chan et al. (2001) も、会計発生高の総額に基づいたヘッジ・ポートフォリオの構築から、大きなリターンが獲得できることを実証している。それでは、これらの実証結果から、セミ・ストロング・フォームの効率的市場仮説は否定されることになるのであろうか。しかしながら、ここに大きな落とし穴があることに気づく。それは、このような投資戦略には情報収集コストと取引コストが必要なのにそれが考慮されていないのである。これらのコストを考えると、異常収益が得られない可能性は十分ある。また、ここでの異常収益が計算上のものであり、実際に獲得できるという保証がないことも、セミ・ストロング・フォームの効率的市場仮説の反証としては弱い証拠といえる。これらのことから考えても、アノマリーと呼ばれる実証結果から、市場がセミ・ストロング・フォームで非効率的であると判断することは難しいといえる。

第3節　行動ファイナンス

ところで、今まで述べてきたアノマリーを支持する理論が今日登場してきている。それは、行動ファイナンスとよばれるものである。行動ファイナンスとは経済学に心理学を取り入れた試みであり、ここ数年、とりわけ Kahneman が2002年にノーベル経済学賞を受賞してから、日本では経済学の中でより多く取り上げられるようになってきている。また実証会計学者の中にも、そのようなアプローチを受け入れている者が近年出て来ている[7]。かように行動ファイナンスのアプローチを採用する研究者にありがちなのは、先述した証券市場のアノマリーとこの行動ファイナンスの実証結果とを同一視していることである。そのことの是非は後述することにして、ここでは、実験室における多くの被験者の行動がいかに非合理的であるかを見ていくことにしよう。

Kahneman and Tversky (1979) は、プロスペクト理論を提唱した。このプロ

スペクト理論は行動ファイナンスでは中核をなす理論であり，従来自明として現代経済学で前提とされていた合理的期待仮説の経済変数に疑義を発し，そのアンチテーゼとして登場してきた。

個人レベルの意思決定を考察する場合，その心理的側面と情報処理能力は重要な位置を占める。これから述べるプロスペクト理論は，そのような意味では大変興味深い内容を有している。そこで，上田（1997）に基づいてプロスペクト理論を以下，展開していくことにしよう。

これまでの経済学では，期待効用理論によって経済人の意思決定行動を説明してきた。合理的期待仮説も，期待効用理論を前提にしているといえる。しかしながら，経済人の意思決定行動を説明するのに，期待効用理論がその行動の全てを説明するものでないことを指摘するものが現れてきた。それはアレイのパラドックスとして知られている。

Kahneman and Tversky（1979）は，次のようなクジを使った確率ゲームで，これまでにない人間の意思決定行動を説明している。図4は，クジの確率ゲームを表している。先ず，図4を見ると，AB間においては，Bが多く選好され，CD間においてはCが選択される傾向にある。しかし，CとDは，それぞれ（A, 0.25），（B, 0.25）と書くことができる。もし，最初の状況でBがAよりも選択されるのであれば，任意の確率pに関しても，（B, p）が（A, p）よ

図4　クジの確率ゲーム

A：(4,000, 0.8)	B：(3,000)	
20%	80%	n＝95
C：(4,000, 0.2)	D：(3,000, 0.25)	
65%	35%	n＝95
E：(−4,000, 0.8)	F：(−3,000)	
92%	8%	n＝95
G：(4,000, 0.8)	H：(3,000)	
22%	78%	n＝141

（上田，1997, p.65 の内容を図で表している）

りも選択されるはずである。ここでその選択がおこなわれなかったのは，AからCのように0.8から0.2へ確率が減少したことよりも，BからDのように1.0から0.25へ確率が減少したことが，たとえ減少した比率は同じでも選択に大きな影響を与えることを意味するといえるであろう。これは被験者の多くが，確率1.00の確実な成果を，相対的により大きく評価する傾向にあることを示唆している。

次に，図4のEF間の選択は，AB間の選択と対照的である。というのは，EF間の選択は，AB間の選択が利得のクジであったのに対し，損失のクジであるからである。この場合，被験者の多くは，利得のクジとは異なって損失のクジにおいてはリスク志向的な行動をとっている[8]。

そして最後にGH間のような選択は，全体の25％のみが選択に参加しているものの，そこに付された確率は，実際には0.25を乗ぜられたものである。したがって，GとC，そしてHとDは，実際には同じクジといえる。しかし，異なった選択傾向が表れている[9]。

プロスペクト理論は，上の図4で表れている人間の意思決定行動を期待効用理論に代わって説明することができる。それは先ず，レファレンス・ポイントによって個々の意思決定者が利得か損失かを分類することである。そして次に，個々の意思決定者は利得に対してはリスク回避的に，そして損失に対してはリスク愛好的に行動することである。このプロスペクト理論は，個々の被験者の非合理的な意思決定を従来の期待効用理論よりもより正確に表しているといえよう。次に，行動ファイナンスの中で要となる判断ヒューリスティックスを上田（1997）に基づいて紹介しよう。

限界のある合理性の理論では，個々の意思決定者の情報処理能力は限られていると考えられる。したがって，個々の意思決定者は，意識的にまたは無意識的に情報処理を偏らせて情報処理能力を節約するように行動する。これが判断ヒューリスティックスである。判断ヒューリスティックスによって，個々の意思決定者は，多くの場合に満足のいく意思決定をおこなうことが可能であるが，その決定は常に正しいとは限らない。むしろ，判断ヒューリスティックス

によって誤った意思決定をおこなう可能性がつきまとうといえるのである。

　判断ヒューリスティックスの多くは，意思決定者が経験を通じて獲得してきたものである。そして，それは一部の情報しか使用しなかったり，また一部の情報を過度に重視し，別の情報を無視したりする傾向を有することから，判断バイアスといわれることもある。

　そこで，数多く存在する判断ヒューリスティックスの中から，①代表性ヒューリスティックス，②アベラビリティ・ヒューリスティックスそして，③アンカリング＆アジャストメント・ヒューリスティックスの三つだけを紹介しよう。

　先ず，代表性ヒューリスティックスについてであるが，それは，典型的な確率判断の一つである。あるAという対象が母集団であるBに属する確率や，そのAがBというプロセスから生じた確率を求めるのに，代表性ヒューリスティックスは影響すると考えられる。

　たとえば，ある学生が所属する学部はどこか判断しようとする場合，その学生について「休日はいつもアトリエにこもっている」という情報を与えられるとすると，われわれの多くは，その学生が美術学部に所属していると考える傾向にある。それは，「アトリエにこもる」という行動が，美術専攻の学生の典型的な行動スタイルを反映していると考えられることによっている。当然のことであるが，このような判断ヒューリスティックスによって正解に結びつくこともある。だが，その対象の顕著な特徴にのみ注目してしまうことは，確率判断をおこなう際に次のような誤りを生じる可能性がある。

　先ず，それは基準率情報（base rate information）の軽視につながりやすい。すなわち，上記の例では，アトリエにこもるのは，世の中の学生の中で美術学部に所属するものだけではないということ，また，全国の大学生のうち，美術学部に属する学生は相対的に極めて少数であるということ（もし，当該学生に対する情報を何も与えられずに，その学生の所属学部を当てようとする場合に，美術学部と答える人はいないはずである。）が，軽視または無視されていると考えられる。

次に，代表性ヒューリスティックスは，サンプルの大きさを軽視しがちになる。統計学の基礎理論では，母集団からとられたサンプルの統計量は確率変数であり，サンプルが小さいとその変動は大きくなり，サンプル数が大きいと変動は小さくなる。しかしながら，この代表性ヒューリスティックスに陥ると，サンプルの統計量が母集団の特性値を代表する程度が，サンプル数には依存しないと考える傾向にある。

また，三つ目として，代表性ヒューリスティックスでは，偶然事象を誤って捉える傾向にある。たとえば，コインを投げる場合に，表が出るか裏が出るかはランダムにきまる。そこで，6回投げたときに，表表表裏裏裏のように一方の側が続くことは，表裏表裏表裏となるよりも起こりそうもないと考えがちである。しかし実際には，少ないコイン投げの回数では，表が何回か続いてその後に裏が何回か続くことはそれほど珍しくない。

次に四つ目として，代表性ヒューリスティックスでは，情報からの予測可能性の評価を誤る傾向にある。人々が何らかの情報を用いて予測をおこなう際には，その情報の信頼性とか，その情報が正確な予測を可能にする程度について考慮すべきであることはいうまでもない。また，予測には不確実性が大いに伴っている。しかしながら，人々は，しばしば現在と将来の予測を混同しがちである。すなわち，人々は，将来の予測を，現在の評価と同様に記事内容に敏感に反応して極端におこなう傾向が見られるのである。

また，五つ目として，代表性ヒューリスティックスでは，予測（または推定）に使用される情報の信頼性を過度に信じやすくなる傾向にある。たとえば，前述の「アトリエにこもる」ことが，美術学部の学生の典型的な行動であるというように，予測（または推定）に使用される情報を最も象徴する結果がある。そして，アトリエにこもるのは何も美術学部生だけではないという事実はすっかり忘れさられてしまうことになる。

そして最後に，代表性ヒューリスティックスは，回帰現象を誤解する傾向にある。回帰現象とは，確率変動が，いったん極端に小さな値で発生しても，次には，平均値に近づきやすいという平均値への回帰傾向を常に有していること

を意味する。しかしながら,回帰現象を頭の中では知っていても,人々はそれを無視する傾向にある。その例として,中ぐらいの成績の学生が成績を悪化したとき,教員がその学生のために補講をおこない,その結果,その学生の成績が向上したならば,その教員は自分の対策の有効性を疑わないであろう。しかしながら,実際には,回帰現象によって,いったんは悪化した成績がより平均値近くに回帰したに過ぎないかもしれないのである。

次に,判断ヒューリスティックスとしてアベラビリティ・ヒューリスティックスを取り上げよう。人々はしばしば,具体例を考えることで,その発生確率を判断しようとする。たとえば,飛行機事故があった直後では飛行機の座席予約の取消が多くなることが知られている。それは,飛行機の事故確率を判断する場合に,起きたばかりの飛行機事故を例として考えてしまうために,その発生確率を高く判断しがちになるためといえよう。上田(1997)によるとこのように意思決定者が何らかの対象の発生の頻度や確率を判断する場合に,頭の中で思いついたその対象と類似した事例を参照にしてしまう判断ヒューリスティックスをアベラビリティ・ヒューリスティックスという。

ある事象の過去の発生頻度が高ければ意思決定者の記憶に残りやすく,過去に発生頻度が高かった事象は今後も発生しやすいであろうから,アベラビリティ・ヒューリスティックスによって発生確率を判断することは,それなりに妥当性を有している。しかしながら,それは情報の偏り(たとえば,交通事故は報道されるが,自殺はほとんど報道されない)によって影響される可能性があり,また,人間の記憶とその再生が過去の発生頻度だけでは必ずしも決まらない点に,アベラビリティ・ヒューリスティックスにしたがった意思決定が必ずしも妥当な判断をもたらさない理由がある。

最後にアンカリング&アジャストメント・ヒューリスティックスであるが,上田(1997)によると,アンカリング&アジャストメント・ヒューリスティックスは,人間が複数の情報を逐次的に処理して判断をする場合に,最初の情報から初期値を設定して(それをアンカリングという),次の情報はその初期値を修正(それをアジャストメント)するのに用いるという傾向をさすものであ

る。この場合に、最初に誤った初期値を設定していても、追加的な情報で適切に修正されるのならば、正しい判断をおこなうことが可能になる。しかしながら、実際には多くの場合で、その修正は十分におこなわれていない。もし、修正が十分になされないとすれば、意思決定の正確性は、初期値の正確性に大きく依存することになる。当然、初期値がある程度正確であるならば、不十分な修正でも、最終的な判断の正確性が一応は保証される。だが、初期値がかなり不正確であるならば、いくら追加的に情報を処理しても十分な修正をおこなうことはできず、その不正確な初期値に引っ張られた誤った判断がおこなわれてしまうのである。

Bar-Hillel（1973）は、アンカリング＆アジャストメント・ヒューリスティックスの一つの例として、次のようなおはじきの抽出を例示する。

（1） 赤と白のおはじきが同数入った袋から赤を取り出す。
（2） 赤が90％、白が10％のおはじきの袋から7回連続して赤を取り出す（1回ごとに取り出したおはじきは元に戻す）。
（3） 赤が10％、白が90％のおはじきの袋から7回のうち1回でも赤を取り出す（1回ごとに取り出したおはじきを元に戻す）。

これらの事象の発生確率を客観的に計算すれば、(1)50％(2)48％(3)52％であるが、被験者は、アンカリング＆アジャストメント・ヒューリスティックスに影響されて、(1)と(2)では(2)を好み、(1)と(3)では(1)を選好するといった、丁度、確率とは反対の選好をする傾向にあった。これは、被験者がそれぞれの確率を判断しようとする場合に、先ず、アンカーとして初期値を定めることになるが、この場合には、1回の試行で目的を達成する確率であり、(2)では90％、(3)では10％となる。この初期値に対して、(2)に対しては下方に確率を修正するように調整し、(3)に対しては上方に確率を修正するが、アジャストメントが不十分であるので、(2)については最初の90％という高い値に引っ張られその確率を過大に判断しがちになり、(3)については最初の10％という低い値に引っ張られて確率を過小に判断しがちになったといえよう。これはアンカリング＆アジャストメント・ヒューリスティックスの典

型的な例である。

　かように実験室でのアンケート調査から，多くの被験者が非合理的であることが伺える。それでは，非合理的な投資者が存在する証券市場では，市場はセミ・ストロング・フォームで非効率的であるのであろうか。加藤（2003）によると以下の二つの条件のうち一つが満たされれば効率性が達成されると考えられる。その一つの条件が取引のランダム性である。これは，非合理的な投資者の取引がランダムであり多くの取引がおこなわれるならば，個々の異常は互いに相殺されてしまい，結果として非合理的な投資者の存在は価格に影響をしないということを意味する。また，もう一つの条件は裁定取引で，たとえ非合理的な投資者の取引によって価格にバイアスが生じたとしても，合理的な投資者の裁定取引によって効率性が達成されることを意味する。つまり，裁定取引によって，合理的投資者はリスクをとらず高い投資収益をあげることができる一方，割高な証券を購入した非合理的投資者は，それらの証券を安く売却することになり，合理的投資者に較べて低い投資収益または損失しか得ることができない。そして非合理的な投資者は無限の資金を保有していないことから，長期間にわたってそのような取引を続けることはできず，市場から退却を余儀なくされるのである。

　二つの条件のうち一つが満たされれば，証券市場はセミ・ストロング・フォームで効率的であることが示唆される一方，これに対して行動ファイナンスから次のような批判がなされている。先ず，取引のランダム性であるが，非合理的な投資者は，少数の証券へ集中投資し，最適な分散投資をすることはなく，ある種のシステマティックなパターンが存在しているというのである。すなわち，非合理的な投資者は伝統的なファイナンスが予想するような受身的な投資者でなく，バイアスをもった自分の判断で，積極的に市場に参加し取引をおこなうと考えられるというのである。また，裁定取引について行動ファイナンスでは，たとえ株価がファンダメンタルズから乖離したとしても，魅力的投資機会が存在しないかもしれないことを示唆する。例えば，長期にわたるバブルなどでは，裁定取引は効果を持たない可能性が高い。魅力的な投資機会が存

在しなければ，ファンダメンタルズからの乖離は修正されることはないといえる。さらに，非合理的な投資者の人数と資金量が，裁定取引をおこなう合理的投資者よりも多くなる場合があり，その結果，裁定取引によるファンダメンタルズへの修正がなされない可能性もあると示唆している。かくして，伝統的ファイナンスの思考と行動ファイナンスの思考とでは，セミ・ストロング・フォームの効率的市場仮説について相反する結論を導き出している[10]。

　投資者が合理的に意思決定するのかそれともその合理性には限界があるのか，明確に答えることはできない。しかしながら，これまでおこなわれてきた様々な実証結果から，かなり確実と思われる理論を展開することは可能である。たとえば，投資者が合理的であることを裏付ける証券市場がセミ・ストロング・フォームで効率的であるということは，多くの実証研究の中で支持されてきた。また個別レベルでは，行動ファイナンスの実験室の実験結果から，プロスペクト理論や判断ヒューリスティックスのように，被験者が非合理的な解答をしているのが数多く見られ，合理的な解答をしているのは少数である。

　行動ファイナンスを提唱する会計学者は，この実験室での非合理的な被験者の解答を証券市場のアノマリーとリンクして解釈する。しかしながら，本書ではそのようには考えていない。行動ファイナンスの実験室の実験から，コミュニケーションの無い実験室での個人レベルでは非合理的な解答をする被験者が多いことは認めるものの，それでも証券市場は，セミ・ストロング・フォームで効率的であると考えられるのである。そこでここでは，個人レベルで数多く見られる非合理的意思決定が証券市場レベルでは効率的（合理的）になるプロセスをコミュニケーション理論から明らかにしていきたいと思う。

　行動ファイナンスで明らかにしたように，個人レベルにおいては，実験室におけるアンケート調査によって被験者の中に非合理的な解答をおこなう者が数多く存在している。そして合理的な解答をするものは少数であった。一方，証券市場レベルにおいては，ほとんどの実証研究で，セミ・ストロング・フォームで効率的であることが判明している。その矛盾を解く鍵は，コミュニケーションにあると考えられる。すなわち，実験室でのアンケート調査では，十分

なコミュニケーションがとれずに，自分だけの考えに基づいて解答をしているのに対して，証券市場では多くの非合理的な考えをもっていた意思決定者が，他の少数の合理的な投資者の意見を参考に，その非合理的であった意思決定を訂正する（学習効果または合理的期待形成過程）可能性があるのである。

そのような個々人の意思決定が影響しあいあう理論として，コミュニケーションの2段階の流れ説が有力であると思われる。コミュニケーションの2段階の流れ説を証券市場に当てはめて説明すると，会計利益情報を有価証券報告書，新聞，そしてテレビなどで直接入手した意思決定者（投資者など）が，それをもとに合理的に投資意思決定をすると考えるだけではなく，とりわけ非合理的な投資意思決定をする可能性の高い投資者は，自分よりも合理的な意思決定をするであろうと考えられるオピニオン・リーダー（証券アナリストなどの助言，アナリストレポートなど）にしたがって投資意思決定することにより，非合理的な意思決定をすることを回避することができる可能性があることを意味する。このことによって，前述のノイズトレーダーによる非効率的市場説を否定することができる。すなわち，大多数の非合理的な投資者は，コミュニケーションの2段階の流れ説によって合理的に意思決定するようになると考えられることから，証券市場への非合理的な投資者の影響はほとんどなくなるといえる。

田崎（2003）によると，コミュニケーションの2段階の流れ説は，もともと投票行動の研究の中で現れてきたものである。その場合，オピニオン・リーダーとは，人々の意思決定に影響力を行使する人物であり，マス・メディア→受け手という直接的な流れとは別にマス・メディア→オピニオン・リーダー→受け手という2段階の流れを想定している。そして，オピニオン・リーダーは非オピニオン・リーダーに比べて，新聞，雑誌，ラジオのどれにもより多く接触していることが見られている。しかしながら，投票行動においては，この説はかなり批判の対象となっており，現実味がないようである。というのは，一般に，投票行動にあまり関心を有さない者が多く，その影響力も疑わしいからである。それでも証券市場に限定して考えた場合，その状況特性（投資活動に

損得が伴うこと）から考えてリスクの大きさからも，オピニオン・リーダーとしての証券アナリストの影響力は無視できない存在であると考えられる[11]。すなわちコミュニケーションの２段階の流れ説は，投票行動などにはあまり説明力を有さない反面，証券市場ではより現実に妥当であると考えられるのである。このことによって，個人レベルで非合理的な意思決定をしていた投資者などが，集合レベル（証券市場）では，合理的な意思決定になると解釈することができる。

　ところで行動ファイナンスの理論と実証の延長上に証券市場のアノマリーをリンクする会計学者は，そのことによって従来には無かった会計情報の実際的有用性が存在する可能性を主張する。すなわち，会計利益情報をはじめ会計情報が実際に公表されると，その公表された会計情報を利用して，非合理的な投資者から平均して異常収益を獲得することができると考えるのである。しかしながら，行動ファイナンスの理論を突き詰めて考えると，それが，もし証券市場にそのまま当てはまるとするならば，証券価格には会計利益情報をはじめとする会計情報や一般に入手できる企業情報は迅速にかつ適正に反映されていないことになる。さすれば，会計情報が公表されて，その情報を利用して合理的に投資意思決定しても，株価が非合理的であるので平均して異常収益を得ることはできないといえよう。すなわち，非合理的投資者の投資意思決定はいろいろと予測できるが，それが全体としてどのようになるかを正確に予測することはできないと思われる。さすれば，非合理的投資者から異常収益を平均して獲得することは困難であるといえる。そしてそれと共に，行動ファイナンスでは，内部情報による証券取引で異常収益を獲得できる現実の証券市場を説明できない。一方，これまでの証券市場の実証結果である，ストロング・フォームで非効率的であるがセミ・ストロング・フォームで効率的な証券市場という考えでたつならば，それは内部情報による証券取引で異常収益が獲得できることが説明でき，そして，会計利益情報をはじめとする会計情報の実際的有用性が本来その予測能力にこそあることを指摘できる。

第4節　市場ベータの予測において
　　　　有用な会計利益情報

　これまでに Ball and Brown (1968), Beaver (1968) そして Atiase (1980) の実証研究について紹介してきた。そこでの実証結果は，年次利益情報は公表時点にはあまり情報内容を有さず（とりわけ大企業において），公表時点における情報効果がほとんど見られない。このことは，決算で公表される年次利益情報が公表時点において新しい情報内容を多く有しておらず，投資者にとって市場期待の代替の信頼性を実際の数値で確認する意味で有用であるに過ぎないことを示唆している。

　このような実証結果を踏まえて，投資者には主に大きくは三通りの対応策があると考える。一つ目は，Ball and Brown (1968) に始まる一連の実証研究を全面的に否定することであり，今なお会計利益情報が決算時に公表されたとき，合理的投資者がその会計利益情報を利用して平均して異常収益を獲得するという従来からの思考を保持する立場である。結果として，パラドックスになるが，このような投資者が多数存在する証券市場は，効率性が高い証券市場になるであろう。第二は，証券市場が効率的と判断し，または証券市場で投資することを賭け事のように解釈し，投資者の能力では異常収益を平均して獲得できないと諦めてしまい，市場に参加しない立場である。かような投資者が多数存在する証券市場は，結果として，証券市場があまり効率的でないことになり，少数の合理的な投資者が異常収益を平均して獲得できる可能性が高いといえる。第三は，Ball and Brown (1968) に始まる一連の実証研究の結果を肯定し，それを踏まえて投資意思決定をする立場である。この立場では，先述のように，合理的投資者が会計利益情報の決算時の公表でその情報を利用して異常収益を平均して獲得できないという事実を踏まえているので，会計利益情報の有用性を投資活動に限定して考えると，そこに残されているのは，いかにリスクを少なくして，通常の投資収益を平均して獲得するかということである。そ

の場合の投資者における会計利益情報の有用性を以下見ていくことにしよう。

　通常の投資収益とは，Ball and Brown（1968）の実証研究でいえば，企業固有ではなく市場に左右される投資収益のことである。そして通常，合理的投資者が，分散投資を行えば，どの投資者もその投資に見合った通常の投資収益を獲得できるといえる。しかしたとえ，どの投資者も平均して通常の投資収益を獲得することができるとしても，彼らが有するそのリスクは一様ではない。このリスクの指標として一般に考えられているのは，市場ベータ値である。市場ベータ値とは，市場全体の投資収益率の変動に対する個別有価証券の投資収益率の変動であり，その基準は1である。もし仮に，市場ベータ値が1よりも大きい有価証券があるとするならば，その有価証券は市場全体に比較して変動性が高くリスクが大きいといえる。またそれとは反対に市場ベータ値が1よりも小さい有価証券は，市場全体に比較して変動性が低くリスクが小さいと考えられる。かくて，異常収益を平均して獲得できないと判断した（または市場効率性を認めた）ものの，なお投資活動を続けようと考えた合理的投資者の関心事は，専ら市場ベータ値の予測に移って行くことになる。

　桜井（1986）は，投資者が個々の危険性証券 i への投資比率 X_i を決定し，危険証券からなるポートフォリオを形成すれば，そのポートフォリオの収益 $E(\tilde{R}_p)$ とリスク $\sigma(\tilde{R}_p)$ が以下の式で示されるとしている。

$$E(\tilde{R}_p) = \sum X_i E(\tilde{R}_i) \tag{1}$$

$$\sigma(\tilde{R}_p) = \sqrt{\sum X_i^2 \sigma^2(\tilde{R}_i) + 2\sum_{i=1}\sum_{j=1} X_i X_j cov(\tilde{R}_{i1} \tilde{R}_j)} \tag{2}$$

そこで桜井（1986）は，市場効率性において Sharpe-Lintner-Mossin の CAPM が成立するとして[12]，Sharpe-Lintner-Mossin の CAPM の公式を（1）式と（2）式に代入する。すると以下の式が導かれる。

$$E(\tilde{R}_p) = R + (E(\tilde{R}_M) - R)\sum X_i \beta_i \tag{3}$$

$$\sigma(\tilde{R}_p) = \sigma(\tilde{R}_M)\sum_{i=1} X_i \beta_i \tag{4}$$

　ここで，合理的な投資者が分散投資をする場合に，X_i がその収益とリスク

第4節 市場ベータの予測において有用な会計利益情報

を決定することは自明である。しかるに (3) 式と (4) 式からわかるように，この X_i の決定には市場ベータ値が多大な影響を及ぼしている。すなわち，市場ベータ値の大きさによって投資の比率がある程度決定されるのである。この場合，企業が公表する会計利益情報がこの市場ベータ値を予測するのに有用であるかどうかが問題である。そこで以下では，市場ベータと会計利益情報との関係について見ていくことにしよう。Beaver and Manegold (1975) は，市場ベータを予測するのに会計利益情報によって算出された会計ベータ値が有用なのではないかという視点で，市場ベータと会計ベータの関係について実証している。彼らはその場合，以下の規準にしたがってサンプルとして254社を抽出している。

〈サンプル抽出規準〉
1. Compustat Tape に記載されている。
2. ニューヨーク証券取引所に上場している。
3. 決算が12月31日である。
4. 1951年から1969年までのデータが入手できる。

彼らは，これらの254社のサンプルから月次投資収益率，純資本利益率，自己資本純利益率，そして収益株価比率を入手する。そして彼らは，投資収益率からは市場ベータを，また会計利益情報からは会計ベータを普通最小二乗法によって推定する。その際に，彼らは三つの期間（全期間：1951年から1969年まで，前半期間：1951年から1960年まで後半期間：1961年から1969年まで）で推定を行っている。

表1の実証結果によると市場ベータと会計ベータとは全般的にプラス相関している。また，より詳しく実証結果を見ていくと，後半期間の市場ベータは，前半期間の会計ベータと非常に高くプラス相関している。このことは，会計ベータによって将来の市場ベータを予測することが可能であることを意味する。同様に，Sharpe (1985) は，会計ベータ値から経済的利益ベータ値そしてそれから市場ベータ値の推定がなされることを示している。かくて以下の図5のような会計情報と市場ベータ値との関係が推定できる。

表1 市場ベータと会計ベータ

比較	シングル証券	ポートフォリオ(5)	ポートフォリオ(10)
正　規			
(1) 全期間の市場ベータ対全期間の会計ベータ			
NI/TA	.38(.36)	.64(.65)	.79(.74)
NI/NW	.39(.37)	.66(.65)	.71(.72)
NI/MU	.45(.43)	.73(.74)	.85(.80)
(2) 後半の市場ベータ対前半の会計ベータ			
NI/TA	.22(.21)	.58(.52)	.73(.64)
NI/NW	.23(.22)	.55(.53)	.67(.66)
NI/MU	.32(.27)	.59(.55)	.72(.69)

（出典：Beaver and Manegold, 1975, p.269, 表3. ここではその一部を掲載している）

　これまでアメリカでおこなわれてきた年次利益情報の有用性に関する実証結果を見て行くと，証券市場は，どちらかといえばセミ・ストロング・フォームで効率的である。したがって，従来から意思決定有用性会計で強く主張されてきた年次利益情報の有用性のうち，その投資活動における有用性に関する限り，合理的投資者が平均して異常収益を獲得するという意味あいは，ほとんど否定されてしまっているといえる。また，年次利益情報の公表時における情報効果もあまり見られない。このことは，証券市場の市場の期待は事前に，他の情報源から年次利益情報の情報内容の多くを既に知っていることを意味する。かように解釈すると，決算における年次利益情報の有用性とは，市場期待の信頼性を確認する意味での有用性が大きいと考えられる。そこでここでは従来の有用性に代わって，合理的投資者が通常収益を獲得する場合に生じるリスクを予測するという意味あいで，今なお，会計利益情報が有用であることを指摘した。それでは，年次利益情報の有用性は，他にないのであろうか。この点については次章以後で考察する。

第4節 市場ベータの予測において有用な会計利益情報　　*35*

図5　市場ベータと会計ベータ

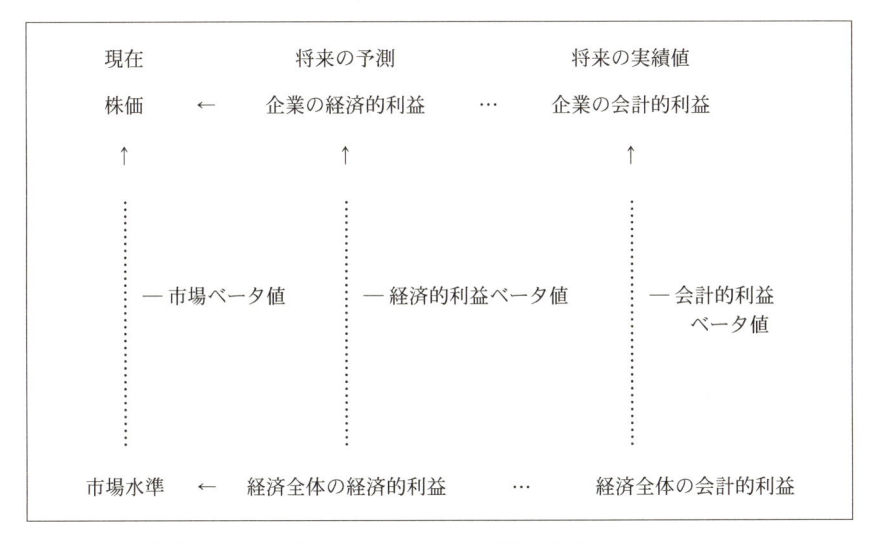

```
 現在          将来の予測              将来の実績値
 株価   ←   企業の経済的利益    …    企業の会計的利益
  ↑            ↑                       ↑
  │            │                       │
  │            │                       │
  │─市場ベータ値 │─経済的利益ベータ値    │─会計的利益
  │            │                       │   ベータ値
  │            │                       │
  │            │                       │
 市場水準 ← 経済全体の経済的利益  …   経済全体の会計的利益
```

(出典：Sharpe, 1985, p. 522, 図 15-5, 利益, 株価およびベータ値)

〔注〕

（1） 実際的有用性とは，投資者が会計利益情報を実際に利用して平均して異常収益を獲得できることを意味する。一方，潜在的有用性とは，投資者がもしその会計利益情報を事前に知っていたならば，平均異常収益を獲得できたであろうことを意味する。

（2） ある銘柄の証券価格がたとえば10％上昇したときにその銘柄の証券を購入して，その後の最高値から10％低下するまで保有して売却する。売却すると同時にその銘柄の証券を空売りし，その後の最低値から10％上昇したときに決済し，再びその証券の購入に転じる。これを繰返しおこなうことをフィルター・ルールという。10％は1つの例で，何パーセントでもかまわない。一方，買持ち型戦略とは，いったん購入した銘柄はそのまま持ち続けるという戦略であり，市場が効率的ならば買持ち型戦略より有利な戦略はない。

（3） このような実証研究として，Moore（1964），Granger and Morgenstern（1963）そしてFama（1965）を参照せよ。

（4） このような実証研究として，Alexander（1961），Fama（1965），そしてFama and Blume（1966）を参照せよ。なお，フィルターを小さくすることでより大きな異常収

益を獲得できるが，その場合，売買取引回数が多くなるので，その取引費用を考慮すると，結局フィルター・ルールは不利である。
（5）　Fama et al.（1969）は，株式分割情報の株価への影響と効率的市場仮説との同時検定をおこなっている。またScholes（1972）は，株式の公開買付情報について効率的市場仮説との同時検定をおこなっている。
（6）　インサイダー情報によって，投資者が異常収益を獲得できることは，証券市場がストロング・フォームで非効率的であることを示すばかりでなく，セミ・ストロング・フォームで効率的であることも間接的に示している。もし，セミ・ストロング・フォームで効率的でないならば，インサイダー情報で異常収益を獲得することはできないであろう。
（7）　須田（2003）は，これまでの実証会計学では，会計情報の有用性の中心が潜在的有用性であるのに対し，セミ・ストロング・フォームの効率的市場仮説を否定することによって，実際的有用性の可能性が出て来たことを示唆している。その際に，行動ファイナンスは，セミ・ストロング・フォームの効率的市場を否定する理論として有力と考えているようである。
（8）　このように，利得と損失を境に逆転することは，反転効果と呼ばれる。
（9）　このような効果を分離効果という。
（10）　日本の証券市場がセミ・ストロング・フォームで効率的かそうでないかと言った場合，日本の証券市場の特異性に注目せざるを得ない。日本においても，実証会計学者による証券市場での実証研究はこれまでに多くなされてきている。その意味で，多くの実証会計学者は，日本の証券市場がセミ・ストロング・フォームで効率的であると考えていることは確かである。ただし，その効率性には限定が付くと思われる。というのは，日本の企業では株式の持合いがこれまでになされてきており，企業の実績に関係なく株を相互に保有してきているという経緯があるからである。すなわち，日本での証券市場がセミ・ストロング・フォームで効率的であるという場合，この持合いの部分を度外視して浮動株の中で効率的であるといっているのである。かくて，これまでの日本の証券市場は厳密な意味からセミ・ストロング・フォームで効率的であったかどうかは問題があるといえよう。しかし，最近では，湯浅（2002）が指摘しているように，この日本の証券市場も不況の中，持合いを解消してきている。さすれば，本来の意味でのセミ・ストロング・フォームの効率的市場に近づいてきているといえるであろう。
（11）　コミュニケーションの2段階の流れ説の説明力を見る場合，オピニオン・リーダーが実際に存在していることが前提になっている。従来はこの場合，オピニオン・リー

ダーの一般的な個人特性にのみ着目し,その存在を分かり難いものにしていたが,澁谷（2002）が述べているように,オピニオン・リーダーが影響力を発揮するかどうかは,その状況特性に左右されるのである。すなわち,オピニオン・リーダーの有している能力に関心を持つフォロワーが存在し,その関心の度合いの大きさによって,コミュニケーションの2段階の流れ説の説明力は異なってくると思われる。コミュニケーションの2段階の流れ説の影響の強度において国によってその効果は異なると思われるが,証券市場に参加する者が,証券アナリストの助言に全く関心がないことは考えにくいといえる。この点から,その度合いは別として,行動ファイナンスの批判に対して,コミュニケーションの2段階の流れ説から反論することができ,個別レベルでは非合理的な被験者が,証券市場ではセミ・ストロング・フォームで効率的であるといえる。

(12) 時を同じくして,Sharpe (1964),Lintner (1965),そして Mossin (1966) が同様の資本市場均衡モデルを構築したことから,そのモデルを Sharpe-Lintner-Mossin の CAPM という。

第2章 会計情報の公開開示の簡素化と拡大化

第1節　会計情報のディスクロージャーのコスト及びベネフィット

　セミ・ストロング・フォームで効率的な市場では，前述のように既存の年次利益情報では，潜在的に有用でありえても，その公表時に有意な情報効果があまり見られない。その場合，会計利益の有用性におけるひとつの活路として経済全体の会計的利益によって市場全体の経済的利益を推定し，市場水準を予測する方向を示した。しかしながら，年次利益情報は，その公表時に有意な情報効果を有することは本当にないのであろうか。本書では，既存の年次利益情報にそのような可能性が少ないならば，非財務情報の中から有用な情報を開示することに新たな活路が見いだされるのではないかと考える。それには先ず，セミ・ストロング・フォームで効率的な市場において拡大化される情報と簡素化されていく情報を見ていく必要があるだろう。

　企業活動が複雑に高度化しており国際化がますます進む今日，会計情報のディスクロージャーを拡大化すべきなのか，それとも簡素化すべきであるのかといった問題が，今なお注目をあびている。また米国財務会計基準審議会 (Financial Accounting Standards Board：FASB) (1979) による SFAS 33 号「財務報告と物価変動」に見られるように会計情報の有用性の実証結果から有意な情報効果が見られない会計情報ならば，強制開示ではなく任意開示すべきであるという，実証結果が会計政策の根拠となっている例も見られる。またこれまで大企

業を中心に実証研究がなされてきているものの，会計情報のディスクロージャーについて，コストとベネフィットの面から考える場合，そこに企業規模別に考察する必要性が生じてくる。ここでは，アメリカにおけるその会計情報のディスクロージャーの動向を概説し，その背後に隠れているセミ・ストロング・フォームの市場効率性を浮き彫りにする。

現行の会計情報のディスクロージャーを拡大化すべきなのか，それとも簡素化すべきなのかを決める場合，会計情報のディスクロージャーのコストと会計情報のディスクロージャーのベネフィットは大きな示唆を与えてくれるであろう。

会計情報のディスクロージャーのコストとしては，開示にあたっての直接費，間接費，そして競争上の不利益などが考えられる。しかし，開示にあたっての直接費以外の間接費や競争上の不利益などは測定が難しい。そこで以下に会計情報のディスクロージャーのコストについてその直接費を示し，比較材料としよう。

表2からわかるように上場企業は，開示書類を作成するのに約370,000ドルかかることになる。また，その企業が証券を追加発行するならば，さらに約180,000ドルかかることになる。また表3からわかるように，規模が大きい企業は規模が小さい企業に較べて開示書類を作成するコストが当然，絶対額としてより大きい。しかし相対的に見ると，表4からわかるように，売上高100,000ドル当たりに占める開示書類作成コストは，規模が小さい企業が，規模が大きい企業よりもより負担が大きいことを示している。

これらのことから，企業において開示書類を作成するコストが軽視できない金額であり，とりわけ小規模の企業には負担が大きいことから会計情報提供者（経営者）サイドは，会計情報開示規制主体であるSEC及びFASBにコストの軽減を主張し，その簡素化を求めることになる。この一つの解決策が，会計情報のディスクロージャーの区別報告である。すなわち，開示書類作成コストの負担が比較的大きな小規模の企業には，開示情報を比較的少なく規制する一方，規模の大きな企業には規模の小さな企業よりより多くの開示情報を要請す

ることである。

　AICPAは1981年に「会計基準の過剰に関する特別委員会」(Special Committee on Accounting Standards Overload) を設定し，会計基準の過剰そして特に小規模の企業にとってコスト負担が大きい会計基準についての代替的方法を検討した。そしてその後当委員会は，1983年に会計基準の過剰に関する委員会報告（Report of the Committee on Accounting Standards Overload 以下，Overload Report と略す）を公表している。

　この Overload Report によると会計基準の過剰をもたらした要因としては，

表2　開示書類作成費

費　　用	平均増分コスト	中央値	分布範囲
1. 監査済年次財務諸表作成費	$357,710	$165,500	$1,700,000-$14,400
（内監査料）	$211,111	$110,000	$ 830,000-$12,000
2. 年次報告書作成・配布費	$ 92,900	$ 63,690	$ 201,000-$18,269
3. 様式10-K作成費	$ 24,638	$ 13,000	$ 164,000-$ 3,070
4. 様式10-Q作成費	$ 2,624	$ 1,550	$ 12,000-$ 270
5. 様式8-K作成費	$ 460	$ 800	$ 3,075-$ 100
6. 委任状説明書作成費	$ 22,505	$ 15,200	$ 60,000-$ 2,800
7. 様式S-1作成費	$105,151	$ 93,000	$ 203,000-$28,207
8. 様式S-7作成費	$163,450	$182,384	$ 299,000-$21,200

（出典：The Advisory Committee on Corporate Disclosure, 1977, p.26)

表3　規模別開示書類作成平均費用絶対額

総資産	監査済年次財務諸表作成費	監査報酬	株主宛年次報告書	10-K	10-Q	8-K	委任状説明書	S-1	S-7
10億ドル以上	$728,375	$410,000	$149,938	$45,300	$3,731	$289	$30,183	—	$183,750
1~10億ドル	$243,229	$194,745	$ 54,291	$13,311	$1,686	$331	$22,094	$ 49,804	$122,835
1億ドル以下	$ 72,906	$ 47,313	$ 55,376	$10,734	$2,223	$686	$ 7,700	$123,600	—

（出典：The Advisory Committee on Corporate Disclosure, 1977, p.27)

表 4　規模別開示書類作成平均費用相対比較

(売上高 $100,000 当たり)

規　　模	10-K	S-1	S-7	10-Q
10億ドル以上	$ 2.41	—	$ 7.95	$27
1～10億ドル	$ 3.21	$ 27.30	$28.52	$64
1億ドル以下	$121.41	$1,849.91	—	$30.87

(出典：The Advisory Committee on Corporate Disclosure, 1977, p. 28)

以下の4点が指摘できる。
（1）　基準が多すぎる。
（2）　基準が詳しすぎる。
（3）　基準の適用に際して選択ができない。
（4）　公開企業と非公開企業の年次財務諸表と中間財務諸表の大規模の企業と小規模の企業の相違に応じた区分適用の失敗。

そこで，Overload Report は FASB に対して以下の3点を勧告した。すなわち，
（1）　FASB は，とりわけ非公開小企業にとって不必要なまでに負担をかけ費用を要すると広く認識されている特定の会計基準を速やかに再検討すべきであること。
（2）　現行基準を再検討し新基準を展開する場合には FASB は，どの企業にとっても，複雑で詳細な規則をできる限り避けることによって，基準を簡素化することを目的としなければならないこと。
（3）　簡素化と弾力化が可能でない場合には，FASB は非公開小企業の財務諸表利用者の情報ニーズ，および，単一 GAAP の枠内において非公開小企業に対する区分開示代替案と区分測定代替案を提供することを目的として情報を展開するコストとベネフィットを明確に考慮しなければならない。

さらに会計基準の過剰問題に関する解決策として，Overload Report は以下の六つのアプローチをあげている。
（1）　現状を維持する方法。

第1節　会計情報のディスクロージャーのコスト及びベネフィット　*43*

（2）　すべての企業について単一のGAAPという現在の考え方を変更して二つのGAAPとし，もう一つのGAAPを例えば非公開企業について設定する方法。
（3）　全企業に対する適用を簡素化するためにGAAPを修正する方法。
（4）　区分開示・区分測定の代替案を確立する方法。
（5）　財務諸表についての公認会計士の報告基準を変更する方法。
（6）　財務諸表提示の任意の基準としてGAAPにかわる代替的基準を用いる方法。

そこで上記の各アプローチについて，Overload Reportの見解を簡潔に述べることにしよう。先ず(1)の現状を維持する方法については，Overload Reportは否定的な見解をとっている。すなわちこのままでは事態は何ら良くならず，ひいては会計基準の無視やGAAPの放棄に導きかねないと考えられる。(2)のすべての企業について単一のGAAPという現在の考え方を変更して二つのGAAPとし，もう一つのGAAPを例えば非公開企業について設定する方法についても同じく，Overload Reportは否定的な見解をとっている。というのは，例えば非公開企業のGAAPといったものについて概念的根拠がないからである。また，たとえそのようなGAAPが設定されたとしても，それによって職業会計人が分裂しかねないからである。そしてひいてはプライベート・セクターでの会計基準設定自体であるFASBを脅かすことになるからである。(3)の全企業に対する適用を簡素化するためにGAAPを修正する方法について，Overload Reportはそれを望ましいアプローチとして採用している[1]。このアプローチは次の第4のアプローチにリンクしている。すなわち現在の基準があまりに詳しく複雑であることから，特に非公開の小規模企業にとってその基準の負担が大きいので，費用のかかる基準を簡素化して，その中で非公開の小規模企業について区分測定と区分開示を奨励するのである。(4)の区分開示・区分測定の代替案を確立する方法については，第3のアプローチとリンクしているので，Overload Reportはこれを推奨しており，このアプローチはFASBが現行基準を再検討する際に鮮明に反映されるべきであると述べてい

る。すなわち，FASB はこれまでとは異なり新たに非公開小企業についての会計情報のディスクロージャーのコストと会計情報のディスクロージャーのベネフィットの二つの基準を追加考慮して会計基準を検討すべきであることを示唆している。(5) の財務諸表についての公認会計士の報告基準を変更する方法については，Overload Report は否定的な見解をとっている。というのはこの方法によれば，特定企業の財務諸表が GAAP から乖離し易くなり，ひいては公認会計士の報告書に対する信用を喪失しかねないからである。(6) の財務諸表提示の任意の基準として GAAP にかわる代替的基準（例えば，現金主義，修正現金主義，または税法基準等）を用いる方法についても Overload Report は否定的見解をとっている。というのは，このような代替的方法による財務諸表のどれもが財政状態，経営成績を公正に表示するという財務報告の目的を達成せずに長期的解決にならないからである。

　FASB は区分開示について，それがこれまでの FASB のアプローチと一致するとみなしている。すなわちこれまでにも FASB (1978) (1979) (1982) は，SFAS 21 号「非公開小企業による一株当たり利益およびセグメント別情報の報告の延期」，SFAS 33 号「財務報告と物価変動」，そして SFAS 69 号「石油・ガス生産活動に関する開示」などで，開示要件に区分を設定してきている。一方区分測定について，FASB は，情報利用者のニーズの相違が不確実であることとコストとベネフィットを考慮して，会計基準過剰の問題に対する解決策として否定的見解をとっている。しかしながら FASB の見解は，あくまでも会計情報の情報作成者サイドのコストの面にのみ着目したものであり，会計情報を受け取る利用者サイドのコスト及びベネフィットは度外視にした解決策である[2]。

　拙稿 (2000) は，証券市場によって実証された会計情報の情報効果を会計情報利用者のベネフィットの代替とみなし，図 6 の Atiase (1980) の実証結果を踏まえ規模の大きな企業に比較して，小規模企業の場合に会計情報の情報効果が比較的大きなことに着目している。すなわち，会計情報利用者のベネフィットに着目すると，会計情報提供者のコストとは裏腹に，規模の小さな企業の会計情報の方が他の情報源から代替的情報を入手することが困難であるため，会

第1節　会計情報のディスクロージャーのコスト及びベネフィット　　*45*

図6　大規模企業と小規模企業のそれぞれの株価反応

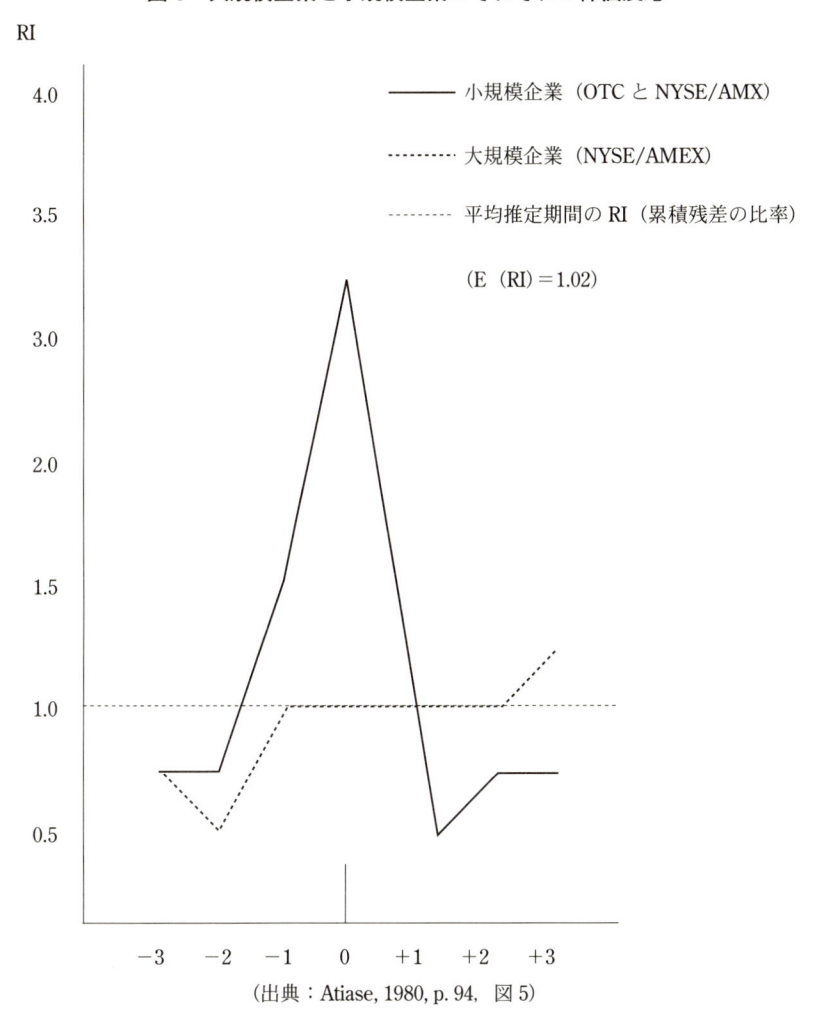

凡例：
― 小規模企業（OTC と NYSE/AMX）
……… 大規模企業（NYSE/AMEX）
-------- 平均推定期間の RI（累積残差の比率）

（E（RI）= 1.02）

（出典：Atiase, 1980, p. 94, 図5）

計情報のディスクロージャーによるベネフィットが，大規模企業よりも比較的大きいといえる。この場合，情報提供者（経営者）と情報利用者（投資者及び債権者など）のどちらの立場を尊重すべきであろうか。拙稿（2000）は，井上

(1995)が主張する「会計の目的が利害関係者に有用な会計情報を提供することであるとされることがある。……」という規範命題に照らして，当然，会計情報の利用者サイドの立場から会計情報のディスクロージャーの情報の内容について考えるべきであるという結論にいたっている。そして区別報告に対して否定的見解を表わし，むしろ小規模企業が開示する会計情報の拡大の必要性を示唆している。

このような見解からかSECは，1964年の証券関係法改正法によって，株主数が500人以上で資産合計額が300万ドル以上の小規模企業にその財務内容を10-Kと10-Qで開示することを強制している[3]。この規制によって，小規模企業についての有用な会計情報を投資者はほとんどコストなく入手することができ，投資意思決定をすることができるのである。

第2節　会計情報のディスクロージャーとセミ・ストロング・フォームの市場効率性

セミ・ストロング・フォームの市場効率性を考察すると，Sommer（1974）とBenston（1973）の論争に見られるように，会計情報を強制開示すべきか，それとも任意開示にすべきかといった問題が大切な論点になってくる。

市場がセミ・ストロング・フォームで効率的であるとき，大規模企業についての会計情報は，それが公表される以前に他の情報源から代替的情報を入手することによって会計情報の情報内容がほとんどすべて証券価格に織り込まれることは，これまでのアメリカでおこなわれてきた実証結果から容易に明らかである。したがって，決算時における会計情報の公表は，大規模企業の場合，図6からも明らかなように，ほとんど有用でない（潜在的有用性はある）ことが見られる[4]。これは，会計情報を強制開示する必要性がないことを情報効果という側面から示唆しており，ほぼBenston（1973）が述べている会計情報の任意開示を支持する実証結果といえるであろう。

しかしながら小規模企業の場合は，全く異なるといえる。図6に見られるよ

うに，小規模企業の場合は，それが公表される以前に他の情報源から代替的情報を入手することがほとんどできず，それが公表される以前に証券価格にすべて織り込まれることはほとんど考えられない。したがって決算時における会計情報の公表は，小規模企業の場合，大いに有用であるといえるであろう。これは，会計情報を強制開示する必要性があることを情報効果という側面から示唆しており，ほぼ Sommer (1974) が述べている会計情報の強制開示を支持する実証結果といえる。つまり，その会計情報を強制開示にすべきか任意開示にすべきかを情報効果の実証研究の側面で見た場合，その会計情報が事前にどれくらい予測されていたかに依存するといえるであろう。大企業の年次利益情報のように，他の情報源でほぼすべて予測されている場合，その情報を強制開示する必要性はかなり低いといえる。

　ここでは会計情報の情報効果の側面から，会計情報を強制開示すべきかそれとも任意開示すべきかについて指摘してきたが，当然，会計情報の有用性といった場合，そのほかの側面も考えられる。たとえば会計情報が決算時に公表されて有意な情報効果が生じなくても，会計利益情報の情報利用者が会計利益情報の予想が正しかったことを確認することなども考えられるのである。これなども有用性のひとつの側面である。したがって，現在アメリカで会計情報が強制開示されているその理由が，小規模企業の存在だけに求められないにせよ，強制開示されることに有用性があるからであるといえるであろう。

　次に会計情報が強制開示されるべきか，任意開示すべきかについては別として，セミ・ストロング・フォームの市場効率性によって，公開開示される会計情報の開示内容がどのような影響を受けるかを述べていこう。

　Beaver (1981) は以下の六つをセミ・ストロング・フォームの市場効率性の含意としてあげている。

（1）　セミ・ストロング・フォームの効率的市場は，ディスクロージャーの形式よりも実質のほうが重要な政策問題であることを示唆する。

（2）　セミ・ストロング・フォームの効率的市場では，ある項目が財務諸表に記載されていないという理由だけで，それが価格に反映されないと考

48　第 2 章　会計情報の公開開示の簡素化と拡大化

えるのは単純すぎるであろう。
（3） セミ・ストロング・フォームの効率的市場は，情報提供機関の役割を従来の異常収益獲得のためのものから別のものへと移行する。
（4） セミ・ストロング・フォームの市場効率性では発生主義会計の役割は明確ではない。
（5） セミ・ストロング・フォームの効率的市場では，平均的投資者は職業専門家にその分析を委ね，その分析能力の欠如を補う。
（6） セミ・ストロング・フォームの効率的市場では，ナイーブな投資者は，内部者による内部情報の獲得による異常収益の獲得で損失を被る可能性がある。

これらの含意から読みとれるのは，会計情報は証券価格を決定づける情報のごく一部に過ぎないということである。おそらく会計情報と一般に入手できる情報との関係は図 7 のようであろう。

図 7 の A の部分は，企業が有する内部情報と企業が公表する会計情報で他の情報源から入手できない部分で一般に入手できる他の情報源で代替できない部分である。一方 C の部分は会計情報と関係のない情報の部分で，B の部分が他の情報源で代替できる会計情報の部分である。A の部分のうち企業が公表

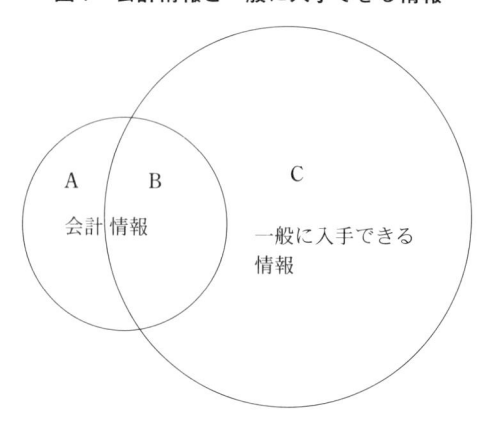

図 7　会計情報と一般に入手できる情報

する会計情報で他の情報源で代替できない部分が大きければ大きいほどその会計情報に有意な情報内容があることになる。

セミ・ストロング・フォームの市場効率性の場合，図7のAの部分を企業が公表すれば，そのAの部分の会計情報は有意な情報内容を有すると考えられる。また規模別に見るとアメリカにおける現行の会計情報の場合，規模が小さな企業の方が規模の大きな企業よりもこのAの部分が有意に大きいといえる。

したがって，セミ・ストロング・フォームの市場効率性の含意から示唆されるのは，少なくとも企業が公表する会計情報のうち他の情報源で代替できない部分については公開開示する価値があるという点である。一方セミ・ストロング・フォームの市場効率性のもとでは投資者が合理的経済人であると考えられるので，一度公表された会計情報は形式が異なっていても実質が同じならば，二度公表する必要はないといえる。

第3節　会計情報のディスクロージャーの簡素化と拡大化

アメリカにおいてSECは会計情報のディスクロージャーの拡充と会計情報のディスクロージャーの簡素化といった，相反する規制を同時並行的におこなってきている。そこで，そのような表面的に相反するSECの規制について，その背後にセミ・ストロング・フォームの市場効率性があることを指摘し，首尾一貫した説明を試みたい。そこで以下では，会計情報のディスクロージャーの簡素化と会計情報のディスクロージャーの拡大化について具体的な例で検討しよう。

松尾（1990）によるとアメリカのディスクロージャー制度の簡素化の一つの例として統合開示制度がある。そこで以下では統合開示制度についてふれることにしよう。

SECは1982年に企業開示諮問委員会における開示制度の改正の勧告を大幅に受け入れ統合開示制度を採択した。この改正にあたってSECは以下の二点

を基本命題としている。
（１）　証券法・証券取引法両法に基づく統合化された報告を包摂した調整された開示制度の実現。
（２）　統合開示制度の中核的開示機構として"統一財務開示群"の採用。

これらの基本命題は三層登録届出書様式と新様式10-Kによってそれぞれ実現されている。

三層登録届出様式とは，それまで一括して扱われてきた証券発行会社を33年法に基づく登録届出様式S-1を使用する会社，同様式S-2を使用する会社，そして同様式S-3を使用する会社の3段階に区分することになる。このような区分にともなって33年法と34年法との重複開示が改善されそれらの統合化が推進されたといえる。

この三層登録届出様式によると，先ず様式S-3を使用する企業とは登録者要件と取引要件の両方を満たすものであり，様式S-2を使用する企業とは，登録者要件を満たしているが取引要件を満たしていないものであり，そして最後の様式S-1を使用する企業とは登録者要件も取引要件も満たしていないものである。

このことは，様式S-3を使用する企業から様式S-1を使用する企業までが，当該登録企業に関する公的に利用可能な情報量によって区分されていることを意味する。すなわち，登録者要件と取引要件の両方を満たしている様式S-3を使用する企業はこれまでにかなりの会計情報が市場に流通していると考えられることから，そこでの開示負担は大幅に軽減される一方，登録者要件も取引要件も満たしていない様式S-1を使用する企業は，これまでにほとんどの会計情報が市場に流通していないと考えられることから，33年法に基づく完全な会計情報のディスクロージャーが要請されるのである。

次に新様式10-Kであるが，これは様式10-Kと株主向け年次報告書との統合を意図して制定された。しかしながらこの統合には一定の限界がある。それは，株主向け年次報告書と様式10-Kとではそれぞれ利用される使途が異なることである。つまり株主向け年次報告書が総会での議決に関する意思決定に利

第3節　会計情報のディスクロージャーの簡素化と拡大化　51

表5　新様式10-K

```
　　　　一般的指示
　　　　　第Ⅰ部
① セグメント別財務情報を含む営業状況に関する情報（229-101）
② 設備状況に関する情報（229-102）
③ 訴訟手続に関する情報（229-103）
④ 証券保有者の投票に委ねられる事項
　　　　　第Ⅱ部
⑤ 登録者の普通株の市場価格並びに配当その他の関連株主事項（229-201）
⑥ 主要財務データ（229-301）
⑦ 財政状態並びに経営成績に関する経営者による討議と分析（229-303）
⑧ 財務諸表（レギュレーションS-X）と補足的財務情報（229-302）
⑨ 会計士の変更および前会計士との間に会計処理・手続および財務開示に関して生じた
   意見の不一致に関する情報（229-304）
　　　　　第Ⅲ部
⑩ 取締役並びに執行役員に関する情報（229-401）
⑪ 執行役員の報酬に関する情報（229-402）
⑫ 主要株主並びに経営者の持株に関する情報（229-403）
⑬ 経営者その他との取引に関する情報（229-404）
　　　　　第Ⅳ部
⑭ 添付書類（229-601），財務諸表附属明細書（レギュレーションS-X）および様式8-K
   に関する報告書
```

（出典：SEC Release No.33-6383）

用されるのに対し，様式10-Kは機関投資家，専門財務分析家などの経験豊かな投資家による経済意思決定に利用されるものだからである。このような使用目的が異なるにもかかわらず，株主向け年次報告書と様式10-Kには重複する部分も多分に存在している。表5の新様式10-Kからわかるように，株主向け年次報告書と様式10-Kの統一化すなわち簡素化がなされている。

　かくして以上のことから先ず，三層登録届出様式を採用することによって33年法による発行開示書類である登録届出書に，証券の市場流通度等の一定の条件のもとに34年法に基づく継続開示書類であるSEC向け年次報告書の参照組込みを認めることによってディスクロージャーの簡素化がなされたといえる。またさらに，新様式10-Kによって，SEC向け年次報告書の内容が株主向け年次報告書と重複する部分について，株主向け年次報告書の参照組込みを認

めることによるディスクロージャーの簡素化がなされたといえる。

　このような簡素化は，証券市場がセミ・ストロング・フォームで効率的であることに起因している。すなわち簡素化がなされるのは，様式が異なっていても実質が同じ会計情報については，セミ・ストロング・フォームの市場効率性のもとでは同じ情報内容を有すると考えられるので重複して会計情報を伝達する必要がないからである。

　次に会計情報のディスクロージャーの拡大化について述べよう。アメリカでは企業の公表する株主向け年次報告書を始め多くの会計情報が，多種多様の情報利用者の情報ニーズに応えていると考えている。例えばその諸例として，企業が公表する補足的会計情報としてセグメント会計情報，インフレ会計情報，四半期会計情報，そして利益予測情報などが考えられる。これらの補足的会計情報は一部を除いて有意な情報内容を有しており，例えばセグメント会計情報の有意な増分情報内容の検証やキャッシュ・フロー会計情報の有意な増分情報内容の検証などはそのことを裏付けている。

　かくてアメリカでは，会計情報のディスクロージャーが前述のように簡素化している反面，会計情報のディスクロージャーの拡大化もなされている[5]。このように会計情報のディスクロージャーを拡大化する動向の背景には，簡素化と同様にセミ・ストロング・フォームの市場効率性が影響を及ぼしている。すなわち会計情報が公表されると適正に且つ迅速に証券価格にその会計情報が織り込まれるのであるから，他の情報源の情報で代替できない会計情報があるならば，企業がそのような会計情報を公表することによって，情報利用者はより的確な投資意思決定をすることができるであろう。

　会計情報のディスクロージャーの拡大化は，このように情報利用者が事前に他の情報源から入手できない情報を会計情報として企業が公表した結果である。これまで近年におけるアメリカの会計情報のディスクロージャーの動向を中心にとりあげてきた。Beaver (1981) が述べているように，セミ・ストロング・フォームの市場効率性の含意には，社会的な望ましさやその他の規範的な意味は含まれていない。したがって，会計情報のディスクロージャーを拡大化

第3節　会計情報のディスクロージャーの簡素化と拡大化

するまたは簡素化する際に必要な価値判断は，市場効率性には含まれていない。しかしながら，セミ・ストロング・フォームの市場効率性の含意は，少なくとも企業が公表する会計情報のうち他の情報源で代替できない部分については公開開示するに値することを示唆する一方，一度公表された会計情報は形式が異なっていても実質が同じならば，二度公表する必要がないことも示唆している。

社会的にどのような情報がどれくらい公開開示されるべきであるかといった社会的価値判断が不明確な社会では，市場効率性の影響から，できるだけ知られていない情報をできるだけ多く公開開示すべきであるという傾向になりがちになる。アメリカでの会計情報のディスクロージャーの拡大化と会計情報のディスクロージャーの簡素化の動向は，そのような傾向と一致している。

〔注〕
（1）　このようなアメリカにおける会計情報のディスクロージャーの簡素化については，平松（1985）を参照せよ。
（2）　会計情報のディスクロージャーの差別化には，三浦（1990）が述べているように，情報提供者に関する差別化と情報利用者に関する差別化の2つが考えられる。ここではその考え方をとっている。
（3）　小規模企業といっても一定の限度が必要であろう。すなわち，社会的にあまりにも規模が小さく，情報利用者に全く注目されない企業は，たとえ他の代替的情報源泉があまりないとはいえ，その企業の決算時に開示する会計情報のニーズはほとんどないといえる。小規模企業の会計情報のベネフィットについては Atiase et al.（1988）を参照せよ。
（4）　潜在的有用性とは，来るべき決算発表で公表される会計利益額を事前に予測できたならば，それを利用した投資戦略を展開して超過リターンを獲得できるという意味である。詳しくは，桜井（1991）を参照せよ。
（5）　キャッシュ・フロー会計情報の公表やセグメント会計情報の公表は，そのような会計情報のディスクロージャーの拡大化の例といえるであろう。それらキャッシュ・フロー会計情報とセグメント会計情報が，それまでに開示されていた会計利益情報よりも有意な増分情報内容を有していることについては，拙稿（1993）（1994）（1998）を参照せよ。

第3章
内部情報の有用性

第1節 インサイダー取引のシグナル

　Easterbrook（1985）よるとアメリカでは合法，非合法にかかわらず内部情報を利用した取引，いわゆるインサイダー取引が実際におこなわれてきていると考えられる。このインサイダー取引であるがそれは企業の内部と外部の両方に存在するものの，通常，企業の内部の者がよりおこなう可能性があると考えられるであろう[1]。この企業の内部の者であるが，必ずしも経営者であるとは限らない。しかしながら，内部情報を会計情報に限定して考察する場合，会計情報を作成し決算時に公表するうえで最終的権限を有する経営者がその会計情報が公表される前に，その情報を利用して何らかの利益を享受することは大いに考えられる。ここでは，多くのインサイダー取引の中でこの意味でのインサイダー取引について考察する。つまり経営者が期末に公表する会計情報を事前に利用して投資行動をおこない利益を享受するインサイダー取引が中心になる。

　それではこのようなインサイダー取引がおこなわれることは，経済社会にとって好ましい状況といえるのであろうか。この場合，好ましいか好ましくないかを決定するのは，社会的選択論の問題である。つまるところ，Beaver（1981a）や拙稿（1999）がのべる，効率性と公正性に帰着するテーマといえよう。ここでは，この点についてはふれない。しかしながら，インサイダー取引のもたらす良い点を勘案して，対応策を示唆してみようと思う。

　さてインサイダー取引であるが，それが経済においてベネフィットがあるのか，それともないのかは大きな問題である。どうしてもインサイダー取引の場

合，そのことの経済的効果を度外視して法的見解から禁止することに帰着しその法的見解の経済的根拠を明らかにしていない。ここでは，経営者が内部情報を利用しインサイダー取引をした場合のプラスの効果とマイナスの効果をそれぞれ述べ，その際に市場効率性がどのような役割を演じるかを明らかにする。そして，経営者の会計行動の一つである内部情報の公開開示の適切な時期について指摘してみよう。

Easterbrook（1985）が述べているように，インサイダー取引によって経営者は通常の手当とは別に報酬を得る可能性がある。それは経営者が内部情報を利用して投資活動をすることで異常収益を獲得できるからである。このように一部の経営者が内部情報を利用して投資意思決定をおこない，資本市場を通じて利益を得るとしたならば，証券市場は合理的に均衡しその価格メカニズムは有効に機能する（情報を伝達する）のであろうか。またインサイダー取引が経営者の報酬とリンクするとした場合，そのことによって会計情報を公開開示する経営者の会計行動は何らかの影響を受けるのであろうか。

これらの問題は相互に関係するものである。ここではエイジェンシー理論とセミ・ストロング・フォームの市場効率性に基づき，経営者の会計行動｛中でも会計情報（内部情報を含む）を公開開示する行動｝を説明すると同時に，経営者のインサイダー取引の功罪と対応策の改善を究明しよう。

Easterbrook（1985）よると1961年まで市場におけるインサイダー取引は，内部者がいかような情報を有してもほとんど常に合法的であったという（Easterbrook（1985）はここで述べるインサイダー取引よりももっと広い意味でインサイダー取引を論じているが，本書ではとりわけ経営者の会計行動に着目することから，以後，内部者の中の経営者に限定して論ずることにする。またインサイダー取引も以下では，期末に報告する会計情報を事前に利用した経営者の投資行動のみを意味する）。というのは，1934年証券取引法の規制は情報についてなされておらず，ただ空売りと内部情報開示後6カ月以内の売買取引による利益を禁ずるにとどまっていたからである[2]。

Easterbrook（1985）によると，しかしながら1961年にSECによって，経営

者が"重要な"しかるに開示されていない情報を有する場合に、インサイダー取引が非合法的であると言明されたことにより、形式上、合法的なインサイダー取引に一定の制約が課せられることになった。しかしながらこの言明はかなり曖昧であることから依然として多くの合法的インサイダー取引がおこなわれることになっている。というのは、経営者は、その所有している情報が"重要"でないと自由に言明することができたからである。

　Easterbrook (1985) によると、このように合法的インサイダー取引が頻繁におこなわれている中[3]、SECは以下の二つの点からインサイダー取引を規制することになる。すなわち、① 内部情報は企業のベネフィットのために意図されており、取引者の私的利点を意図していない。そして ② インサイダー取引は情報伝達されていない投資家に"不公正"である。

　しかしながら、このようなSECの指摘は妥当なのであろうか。インサイダー取引は、取引者の私的利点のみで企業にベネフィットをもたらさないのであろうか。またインサイダー取引は実際に、情報伝達されていない投資家に不公正であるのであろうか。

　Easterbrook (1985) は、インサイダー取引が経営者の報酬として有効であると指摘している。すなわち、たとえインサイダー取引が完全には報酬として機能しないとしても、それはボーナスやストックオプションと同様に（またはそれ以上に）経営者に企業分析をおこなうインセンティブを提供するといえるのである。そのひとつの例として、業績が悪化している企業があげられる。経営者は、企業の業績が悪化しているバッドニューズが市場に普及する前に、自社の証券を売却することによって損失を回避するインサイダー取引をとることで自らの損失を穴埋めることができる。この場合、経営者にもたらされるその報酬は、経営者に企業内の分析を機敏におこなうインセンティブを提供するといえる。このことは、業績が悪化しているときでもインサイダー取引が経営者にその努力に応じた報酬を支払うことを保証すると同時に、インサイダー取引が経営者に企業内の分析を促し企業にベネフィットをもたらすことを示唆する。

　それではこのようなインサイダー取引は、情報の経済学やエイジェンシー理

論で頻繁に取り扱われている問題，例えばモラルハザードや逆選択などを解決する手段としては有効なのであろうか。

Easterbrook（1985）によると，経営者がチームで働き企業の所有権を全く有さず，完全情報で投資者によって監視がなされない限り，必然的に投資者の利害と経営者の利害は食い違うことになる（すなわち，エイジェンシーコストが生じる）[4]。

経営者は企業の業績と自己の報酬がリンクしない場合，投資者のベネフィットとなる企業の利益を獲得するインセンティブを有さない。したがって進んでプロジェクトを成功させる必要性を感ぜず，投資者はベネフィットを得られなくなる可能性が生じる。この場合，インサイダー取引による報酬がこのようなエイジェンシーコストを減ずることができるかどうかが問題である。Easterbrook（1985）によると，経営者がプロジェクトに成功した場合，経営者がその成功による利益の一部を享受できれば問題ないことを示唆する。

インサイダー取引の場合，内部情報を使用して経営者が利益を享受するのであるから，経営者にプロジェクトを成功させるインセンティブを提供するといえる。

しかしながら太田（1998）は，インサイダー取引の空売りの側面を強調し，インサイダー取引がモラルハザートを緩和することに疑問を提示する。すなわち，経営者は必ずしもインサイダー取引をおこなうことから，プロジェクトを成功するように努力するとは限らない。むしろプロジェクトを失敗させて証券の空売りでベネフィットを享受することを考えるのではないかというのである。

これらのことを鑑みてインサイダー取引によるベネフィットが，経営業績とではなく情報にリンクしている以上，インサイダー取引は，必ずしも経営者のモラルハザードを抑制するとは限らないことは自明であろう。

それでは逆選択の問題はどうであろう。インサイダー取引は，企業の逆選択を克服しスクリーニングするのであろうか。この企業の逆選択の問題であるが，それは情報コストとモニタリングの困難性によって生ずる。すなわち投資者は，情報の非対称性から企業の経営者が良質な経営者なのか，それとも悪質

な経営者なのかの判断ができない。したがって悪質な経営者はそのことをいいことに,良質の経営者のふりをする。このことを企業の逆選択という。しかし経営者がインサイダー取引をおこなうことが,その経営者が良質な経営者のシグナル(または悪質な経営者のシグナル)を伝達するとしたならば,この逆選択を克服することになる。

　Easterbrook (1985) によると,インサイダー取引による報酬はくじの券として考えることができる。すなわち,リスク中立的な投資者が,経営者に給料 $100,000 支払うことと,経営者に $50,000 の給料と 10％ の確率で当たる $500,000 のくじの券(すなわちインサイダー取引による報酬)を与えることは同じであるといえる。しかしながら,経営者がリスク回避的である場合,彼はインサイダー取引による報酬を定額の給料よりもより小さな価値(例えば $90,000)として評価する。この場合,インサイダー取引による報酬が経営者の質を識別する"シグナル"として機能するかどうかが問題である。

　良質の経営者であれば,業績良好のインサイダー会計情報を利用して投資行動をおこなう(インサイダー取引)ことによって報酬を得ることはありえるかもしれない。また,悪質な経営者であれば,業績悪化のインサイダー会計情報を利用して空売りの投資行動をおこない,ベネフィットを享受するかもしれない。この場合,Easterbrook (1985) によると,インサイダー取引が経営者の質を識別するかどうかは,良質の経営者が寛大に受け入れるであろうリスクの程度と入手できるプロジェクトのリスクの分布に依存している。すなわち,企業がリスクのない事業に従事して成功し(失敗し),その内部情報を利用して自社の証券を購入する(空売りする)ならば,インサイダー取引は,経営者の資質について,シグナルを送っていることになる。しかしながら,企業がとてもリスクのあるビジネスに従事している場合,インサイダー取引による報酬によって良質の経営者と悪質の経営者を識別することはできない。なぜならば,ビジネスが成功するか否かがその経営者の資質をほとんど反映しないからである。

　かくてインサイダー取引が,経営者に報酬をもたらすことは確かであるが,

そのことによってモラルハザートと逆選択の問題を克服するとはあまり考えられない。

第2節　内部情報と市場均衡分析

　前節では，Easterbrook（1985）の論文を中心にインサイダー取引による経営者の報酬について，それが有効なインセンティブシステムとして機能しているかどうかを検討してきた。Easterbrook（1985）によると，それは完全ではないにせよ，ボーナスやストックオプションと同様に（またはそれ以上に）経営者のインセンティブとして機能しており，業績の善し悪しにかかわらず，経営者の努力と才能に応じた報酬を保証している。

　しかしその一方でEasterbrook（1985）が，経験的問題であるにせよモラルハザードや逆選択といった情報経済的な問題に対してもインサイダー取引による報酬がそれらをある程度解決する可能性があることを示唆しているものの，その可能性はあまり存在しないと思われる。

　そこで本節ではインサイダー取引による内部情報の証券市場での伝達に焦点を合わせ，一部の経営者がインサイダー取引をおこなうことで証券市場が合理的にいかに均衡するかについて理論的に考察してみよう。以下では，佐々木（1991）を中心に，そこで議論されている内容をインサイダー取引に置き換えて考察することにする。

　経営者がグッドニューズの内部情報を有し投資意思決定をする場合，今仮に，空売りをのぞくならば，経営者は自社の証券に関する情報（グッドニューズの内部情報の分だけ）を多く持つ買い手である一方，一般の投資者は，その会計情報を知らない。いわゆる情報の非対称性が存在するといえよう。

　そこで企業Aが新製品Gを開発したというグッドニューズ（業績良好のインサイダー会計情報）があり，他に情報が無いとする。時点tにおいてこの情報は経営者Bだけが知っており，その他の投資者は誰も何も知らないものと仮定する。したがって，証券市場では以下の図8のような三つの需要曲線の可

図8 内部情報と株価（インサイダー取引をおこなわない場合）

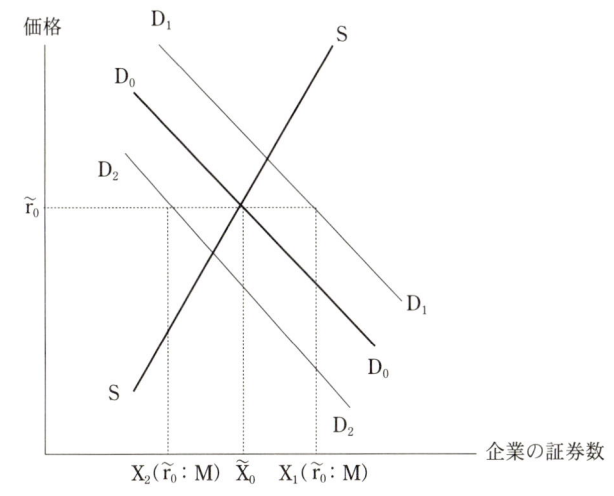

（出典：佐々木，1991，p.173，図10.1を一部変更）

能性があるであろう。D_1-D_1 は，その年の企業Aが良い業績であると知っているときの需要曲線であり，D_2-D_2 は，その年の企業Aが悪い業績であると知っているときの需要曲線であり，そして，D_0-D_0 は，その年の企業Aの業績が分からないときの需要曲線である。この場合，無数にたくさんの同一の投資者（購買者）と同一の投資者（販売者）が証券市場に存在するとする。また便宜上先述のように，空売りは存在しないと仮定し，供給曲線は一定であると仮定する。

今t時点において，投資者（購買者）のうち α（$0 \leq \alpha \leq 1$）の割合の人々（経営者Bの割合だけ）がグッドニューズ（業績良好の内部情報）を知っていると仮定する。

さて，インサイダー会計情報を有する経営者Bは，投資者（購買者）になることもならないことも自由である。すなわち，インサイダー取引をすることもしないこともできるのである。

そこで議論の便宜上，はじめに，経営者Bがインサイダー取引をしないと

仮定してみよう。すると，$\alpha=0$ ということになる。そこで，$\alpha=0$ における合理的予想均衡をみていくことにしよう。この場合，どの投資者（購買者）も需要曲線 D_0-D_0 に表わされている行動をとらざるをえない。なぜならば，市場にはグッドニューズは全く伝達されていないからである。したがって，需給の均衡は，図8に示されているように需要曲線 D_0-D_0 と供給曲線 S-S との交点（$\tilde{r}_0$, $\tilde{x}_0$）で達成されることになる。この場合，当然のことであるが需要曲線 D_0-D_0 には，経営者Bの買いは入っていない。なぜならば，経営者Bはインサイダー取引をしていないからである。そして，経営者Bがインサイダー取引をおこなわない市場ではどれほど丁寧にこの株価を観察してもその価格から内部情報を引き出すことはできない。したがって，そのインサイダー会計情報は投資者には現金で支払っても入手したい価値が存在することになる。

それでは，経営者Bがインサイダー取引をおこなった場合はどうであろうか。ここで便宜上，経営者Bのインサイダー取引による証券の購買が需要曲線を有意に変えるほど大きいと仮定する。すると，グッドニューズ（業績良好の内部情報）を有する経営者Bは自社の証券を有意に大きく購入することになる。すると，この経営者Bがインサイダー取引をおこなった場合の証券の需要曲線を D_*-D_* とすると，この需要曲線 D_*-D_* は上記の図9の需要曲線 D_0-D_0 から，D_1-D_1 に近づいたことになる。この需要曲線 D_*-D_* と供給曲線 S-S の交点の均衡価格 r_* は内部情報を織り込んだ証券価格といえる。この場合，一般の投資者は，この均衡価格が，$\tilde{r}_0$ よりも高いことに気づき，価格からグッドニューズ（業績良好のインサイダー会計情報）を読みとることができる。つまり価格が上昇していることは何か良い情報があることを意味するのである。そして（$1-\alpha$）の割合の投資者は証券を購入する。そして，需要曲線はますます上昇し，結局 D_*-D_* から D_1-D_1 になるまで移行する[5]。

すなわち，α（$\alpha>0$）の割合の投資者（つまり経営者B）が内部情報を利用して投資行動をとると，情報は価格を通じてあらゆる経済主体に伝播され，合理的予想均衡が成立するのである[6]。

それではこの場合に，経営者Bが有する内部情報は，その後，公表する価

図9　内部情報と株価（インサイダー取引をおこなう場合）

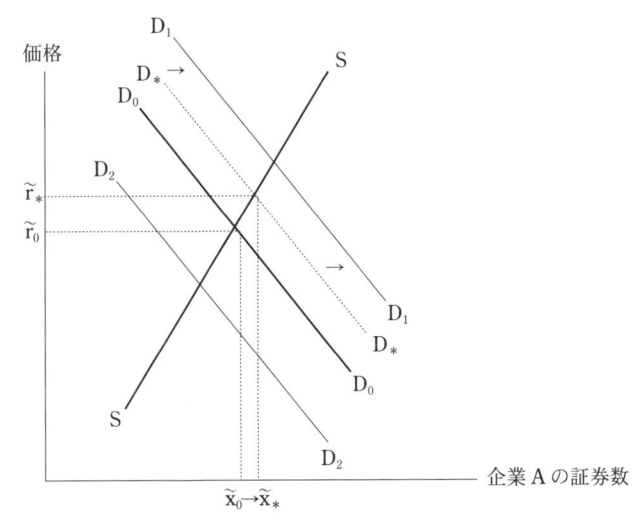

（出典：佐々木，1991, p.173, 図10.1を一部変更）

値を有するのであろうか。ここでは，$(1-\alpha)$の割合の投資者が，価格を観察するだけで情報の内容を知ることができたので全く価値を有さないといえるであろう。

第3節　内部情報と経営者の会計行動

前節では，価格の情報伝達機能にノイズのない証券市場を想定し，経営者がインサイダー取引をしない場合とインサイダー取引をした場合のそれぞれの合理的予想均衡過程を導きだし，それぞれの均衡において内部情報に価値があるかないかについて考察してきた。これは厳密には，Fama (1970) や Beaver (1981 ab) が示唆する効率的市場についての議論に相応するものである。しかるに前節では，単純な仮定に基づく理論的な考察が中心であり，経営者がインサイダー取引をおこなうことによって生じる社会的影響についてあまりふれて

こなかった。

　本節では現実社会において，経営者がインサイダー取引をおこなうことによって経営者の会計行動にどのような影響があるか考察することにしよう。

　経営者の会計行動は，大きくは以下の四つに大別できるであろう。

（１）　選択可能な会計方針集合から一つの会計方針を選択・適用する行動[7]
（２）　会計情報を公開開示する行動
（３）　会計基準設定におけるロビー活動
（４）　実体的裁量行動[8]

このうち，ここで考察する経営者の会計行動は（2）の会計情報を公開開示する行動である。

　伊藤（1988 b）によると，インサイダー取引規制の本来の目的である会計情報（内部情報を含む）のディスクロージャーとは，以下の二つの視点からなされている。すなわち公平性と効率性である。公平性とは，「零細投資者」あるいは情報の少ない外部投資者を情報の多い投資者であるインサイダーから保護することを意味する。すなわち，ディスクロージャーとはこの場合，投資者間の「機会の公平あるいは均等」を保証する手段として有効であると考えられるのである。一方，効率性とは，証券価格により多くの情報が迅速にかつ適正に織り込まれることを意味する。この場合，企業に関する情報のディスクロージャーは，この効率性を高める機能を有すると考えられる。

　さて，このような機能を有するはずの会計情報のディスクロージャーであるが，それはインサイダー取引とどのように関係するのであろうか。この点については前節で考察した例を取り上げることが有益である。価格が情報を完全に伝達する市場均衡の世界では，インサイダーである経営者がインサイダー取引をしなかった場合，内部情報は証券価格に全く反映されないことから，情報は，$V(c)$（情報を手に入れることで享受できる期待効用の水準）$\geqq W$（情報を入手しなかった場合に享受する期待効用水準）である限り価値を有することになる。したがって，この場合に，内部情報のディスクロージャーは情報利用者

に価値があるといえるであろう。だが，経営者には内部情報を公開開示するインセンティブがあまりないので，内部情報のディスクロージャーが遅れることが考えられる。しかるに，インサイダーである経営者がインサイダー取引をした場合はどうであろうか。この場合，内部情報は価格メカニズムを通して投資者間に伝達され証券価格に織り込まれると考えられるため，投資者は証券価格を見ることによって，内部情報を入手したことになる。したがって，内部情報のディスクロージャーは意味をなさないといえるであろう。この場合，証券価格に内部情報がすべて織り込まれるまでに，経営者がその内部情報を公開開示（会計行動）すれば，経営者はより迅速に異常収益を獲得することができるであろう。

かくて経営者は，インサイダー取引をすると，しないときよりも早く会計情報を公開開示することが合理的に予測できるのである[9][10]。

このように経営者は，インサイダー取引をすることによって平均して異常収益を獲得し，$(1-\alpha)$ の投資者はそのぶん異常損失を被ることになるのであるが，証券市場は結果的には，経営者がインサイダー取引をしなかった場合よりも，適正な均衡価格を示していることになる[11]。

このような中，SECの規制は，証券価格に重要な影響を与えうる内部情報に基づく取引をおこなうことを禁じている。それは，証券売買をおこなう誰もが同じ情報を持たなければならないこと，そして競争は平等な条件でおこなわれなければならないことによる。

このように，ただ単に経営者のインサイダー行動を法律で規制することが，証券市場において適正な均衡価格を生じることになるのであろうか。そしてはたして適正な資源配分はなされるのであろうか。この点については次節で考察することにしよう。

第4節　内部情報の開示の時期

これまでアメリカでおこなわれてきた市場効率性の実証は，証券市場は内部

情報についてはそれが公表されるか，経営者を含むインサイダーがインサイダー取引をしない限り，一般の投資家はその情報を入手できないことを示唆している。

これは逆にいえば，経営者は内部情報を利用して平均して異常収益を獲得することができるのである。その場合，ノイズのない理論上の市場では経営者がおこなったインサイダー取引を通じて，経営者が異常収益を獲得すると同時に，価格メカニズムだけで内部情報が一般の投資家に伝達されることになる。しかしながら，実際の市場ではノイズがあるので，この場合，経営者は，インサイダー取引をおこなうと，それが価格に反映して適正な均衡価格になる前に，早くその内部情報を一般に公開開示し，迅速に異常収益を獲得することになるであろう。

かくてインサイダー取引は，経営者に異常収益をもたらし，多くの一般投資家にその分異常損失を被らせることになるものの，証券市場は，経営者がインサイダー取引規制でインサイダー取引をしない場合に達成できない適正な均衡価格に到達することになる。

以上の関係を表6で表わしてみよう。

この場合，これまでの方策では，「誰も異常収益を獲得しない」と，「適正な証券市場均衡価格が迅速に成立する」ことはトレード・オフの関係である[12]。すなわち，一般の投資家が異常損失を被らないように，経営者のインサイダー取引を禁止すると，経営者は内部情報を公開開示するインセンティブが薄れ，公開開示しないことが予想できるのである。それではいかにしたら，「誰も異

表6　インサイダー取引と適正な証券市場均衡価格

経営者が内部情報で取引をする	経営者が内部情報で取引をしない
内部情報を早く公開開示する	内部情報を早く公開開示しない
経営者だけ異常収益を獲得する（一般投資家が損害を被る）	誰も異常収益を獲得しない
適正な証券市場均衡価格が迅速に成立する	適正な証券市場均衡価格が迅速に成立しない

常収益を獲得しない」と「適正な証券市場均衡価格が迅速に成立する」ことが同時に成立するのであろうか。

経営者が，インサイダー取引をした場合，内部情報を公開開示するのが早いというのは，経営者が強制開示するように要請されている決算報告書（内部情報を含む）を公開開示するのが公表期間の中で早くおこなうということである。早く公開開示するといっても，経営者が内部情報を入手した時点よりははるかに遅いといえよう。もちろん，経営者がインサイダー取引をしない場合は，もっと遅くなるといえる。

したがって一番良い方法と考えられるのは，経営者が内部情報を入手したときに，その企業に不利にならない時点でその情報を強制開示するように要請することであろう。そのようにすれば，経営者は強制開示なので，インサイダー取引をしなくてもその情報を公開開示しなければならず，公開開示すれば，証券市場はセミストロング・フォームで効率的であるので，誰も平均して異常損失を被ることはない。そして，証券市場は適正な均衡価格に設定されることになる。

ここでは，経営者がおこなうインサイダー取引と内部情報の伝達について，いくつかの角度から考察してきた。経営者のモラルハザードそして経営者の逆選択についてインサイダー取引が何かしらの解決策になるかどうかが論じられた。しかしながらそれらは，一定の条件（限られた条件）でしか効力をなさなかった。その中でインサイダー取引のもたらすベネフィットとして確実なものとして，会計情報（内部情報を含む）を早く公開開示する経営者の会計行動のインセンティブを提供することがあげられるであろう。しかしながらそれは，一般の投資者が被る異常損失を必然的にともなうものであり，インサイダー取引を奨励する理由にはならない。

そこで，インサイダー取引によってもたらされるベネフィットを考慮した対応策の一つとして，経営者が内部情報を入手したときに，その企業に不利にならない時点でその情報を強制開示するように要請することを提案してみたい。ただし，このように対応策を講じても，実際の社会において経営者がインサイ

ダー行動をおこなうことを完全に阻止することは難しいであろう。

〔注〕
（1）　企業の内部以外にもインサイダーは存在する。そのようなインサイダーを外部インサイダーという。詳しくは，Feigen and Christensen（1988）を参照せよ。
（2）　空売りとは，証券を借入れて売却するのに必要なコストよりも，投資収益（この場合証券の値下り益）が大きいことを期待して，証券借入のレバレッジを利用する行為をいう。詳しくは，日本証券経済研究所（1981）を参照せよ。
（3）　合法的インサイダー取引については Feigen and Christensen（1988）を参照せよ。
（4）　従来の経営学や会計学では，経営者は企業の所有者（主に投資者）のために経営活動をおこなうと考えられてきた。しかし，近年，エイジェンシー理論に代表される新古典派経済学では，個人は合理的経済人であり，みな利己的に行動し自益のために行動するとみなされている。当然，所有と経営が分離した今日の企業では，経営者も合理的経済人として企業の所有者のためにではなく，自益のために行動すると予想される。したがって，それを阻止するために企業の所有者は経営者に会計情報を公開開示させ，それを監査させる。このような行動にはコストがかかる。そのようなコストをエイジェンシーコストという。
（5）　もちろん，経営者Bがインサイダー取引をした後で，そのインサイダー情報を公表すれば，証券価格はより迅速に移行することになる。
（6）　このように経営者がインサイダー情報をもとに投資意思決定した結果として証券価格が移行することは，インサイダー情報がまだ証券価格に織り込まれていなかったことを意味しており，ストロング・フォームで市場が効率的でないことを意味する。しかし，経営者がインサイダー情報で異常収益を獲得したあと，このインサイダー情報が価格に適正にかつ迅速に織り込まれることは，証券市場がウィーク・フォームでは効率的であるといえる。現実の市場がこのように，ストロング・フォームで市場効率的でなく，ウィーク・フォームで市場効率的であることは Jaffe（1974）や Fama and Blume（1965）によって実証されている。
（7）　Kelly（1983）は経営者の反応として，ロビー活動，自由裁量の会計変更，そして金融，生産，投資の変化をあげているが，本書ではこれらの他に会計情報のディスクロージャーも経営者の会計行動の中に含めている。
（8）　実体的裁量行動とは，経営者が，実際に経営行動をおこないキャッシュ・フローを増減させる行動である。
（9）　Jaffe（1974）の実証研究によると，投資者はインサイダー情報を得て証券売買をお

第4節　内部情報の開示の時期　　69

こなった場合に，市場の平均を上回る超過収益をシステマティックに獲得することができる。このことは，Fama（1970）と Beaver（1981 ab）が述べているように，証券市場がストロング・フォームで効率的でないことを示唆する。すなわち，インサイダー情報に関しては，価格メカニズムは迅速にかつ適正に機能しないことになる。一方，Ball and Brown（1968）の実証研究によると，開示された情報は効率的である。すなわち証券市場は，セミ・ストロング・フォームで効率的である。これらの実証結果は，経営者がひとたびインサイダー取引をすると，そのインサイダー情報をより迅速に公開開示するインセンティブを有することを裏付ける。

(10) 伊藤（1988 a）は，インサイダー（ここでは経営者）はひとたびインサイダー情報を得て投機的立場をとると，その情報を早期に外部に公開開示する（会計行動する）強いインセンティブを有することを示唆する。そして，インサイダー取引が規制されると，インサイダー情報を外部にディスクロージャーするインセンティブが減退し，インサイダー情報のディスクロージャーの後退に導くことを指摘している。

(11) Bernstein（1992）は，インサイダー情報を得た人々が規制を忠実に守って取引を行わず，その情報を漏らすこともなかった場合，彼らは市場価格をそのシャドー・プライスに向かって押し上げる役割を果たさなくなり，その結果として市場にはもっと多くのノイズが残ることになると述べている。

(12) この場合，経営者がインサイダー取引で得られる異常収益（ベネフィット）と一般の投資者が被る異常損失（コスト），そして証券市場が適正な均衡価格であるときの投資者のコストとの比較分析が必要になる。しかし，経営者がインサイダー取引をせずに証券市場が適正な均衡価格に達すれば，これらの比較分析は必要ない。ここではそのための一案を後述している。

第4章 経営者利益予測情報の有用性

第1節 アメリカにおける経営者予測情報開示をめぐる経緯

　アメリカでは，これまで経営者による予測情報の開示が他の国々に較べより消極的であることが指摘されてきている。その理由として主に，アメリカ社会における訴訟問題が多発していることがあげられるであろう。すなわち，経営者予測情報の場合，結果としてその内容が誤ってしまったならば，その情報を利用したことによって，情報利用者が誤った意思決定をおこない損失を被ることが考えられるのである。ゆえに情報利用者によって，アメリカにおいては，企業を相手取って訴訟を起こす可能性が高いことが容易に想像されるのである。つまり，アメリカの企業は，経営者予測情報を開示するのに多大なコストを被る危険性が高いことが指摘できる。

　かような背景からかSECは当初，いくつかの例を除いて，企業が提出する会計情報の中に予測，評価または見積を記載することを禁止してきた。しかしながら，1971年11月のSEC（Securities and Exchange Commission）のチェアーマンであるWilliam Caseyによってなされた，予測情報が投資価値を決定するに際して有用であるというスピーチを契機に，SECは立場を翻したのである。それは，1972年11月にSEC（1972）は，証券取引法リリース第9844号で，上場企業が予測を開示する際の規則の制定手続を進める意向を明らかにし，同年の11月から12月にかけて，予測を開示する際に生ずる多くの問題点について公聴会を開催したことに端的に現れており，翌年1973年2月には，SEC（1973）

は前述の公聴会の結果を踏まえて，証券法リリース第 5362 号「将来の経済的業績の予測の開示に関する委員会報告」を公表し，実質的に従来の伝統的立場を転換し，企業が公表する目論見書や報告書に予測情報を含めることを認める立場に至ったことからわかる。

しかし，このような立場の転換にもかかわらず，アメリカにおいてはなお，消極的に経営者予測情報を会計報告書に盛り込むことを容認したに過ぎず，その予測の開示を奨励するまでには至らなかった。

そのような中，SEC（1975）は，1975 年 4 月に，証券法リリース第 5581 号を公表し，経営者予測を開示する企業にとって非常に厳しい内容を盛り込んだ一連のルールおよび様式案を示した。それは，当時の SEC の基本的姿勢を表しており，その消極的立場が浮き彫りにされている良い例である。だがこのような厳しい姿勢に，各界から多くの反対意見がなされた。それは，提案された開示システムがあまりに厳しすぎることから，経営者予測情報の開示を奨励するよりもむしろ抑制するからである。

その後 SEC（1976）は，証券法リリース第 5699 号を公表し，企業が提出する書類の中に予測を含めることを奨励も抑制もしないことを表明している。

一方その間に，企業の開示に関する諮問委員会において審議がなされ，その委員会は 1977 年 11 月に，企業が提出する会計報告書の中に予測を自発的に開示することを勧告している。SEC（1978 a）はこの勧告に同意し，1978 年 2 月に証券法リリース第 5906 号を公表し，企業が SEC に提出する会計報告書をはじめその他においても経営者予測を開示することを奨励する意向を明確にした。

SEC は，ここで「自発的」開示という形でその責任を企業に一任しており，経営者予測の開示について，なお消極的容認といった姿勢をとっている。

さらに SEC（1978 b, c）は，1978 年 11 月に証券法リリース第 5992 号「将来経済的業績の予測に関する開示の指針」と証券法リリース第 5993 号「予測に関するセーフ・ハーバー・ルール—提案」を公表し，自発的に開示する企業を擁護している。このセーフ・ハーバー・ルールであるが，これまでと大きく異なる点は，挙証責任の所在である。それは，経営者利益予測情報が誤っていた

第1節　アメリカにおける経営者予測情報開示をめぐる経緯　　73

場合，その予測が合理的な基礎をもっておらず誠実に開示されたものではないということを原告（会計情報利用者）が証明しなければならないことを指摘している。これは，訴訟に伴う多大なコストと時間のロスを抑制するといえる。

また，1995年にはさらに証券私的訴訟改革法（Private Securities Litigation Reform Act of 1995）が施行され，その結果，企業が将来情報の範囲を定義した上で業績予想が正確でない場合にも，異なる結果を生じえる要因について担保文言を付した場合には民事責任を負わないことになった。

アメリカでは，かようなセーフ・ハーバー・ルールや証券私的訴訟改革法によって経営者が利益予測情報を自発的に開示するその負担を軽減しているにもかかわらず，依然として経営者は，業績予想を開示するのに消極的であり，それを自発的に開示している企業はほとんど無かった。かような背景から，アメリカでは企業に代わって，証券アナリストが投資者に業績予想を示してきた。その際に，個別取材の場で企業のIR担当者が証券アナリストのレポートを見て，その予想が外れないように誘導していた。このような慣行を「ガイダンス」という[1]。

このガイダンスの中で，経営者による利益予想のような重要な私的情報が，証券アナリストやファンド・マネージャーなどの一部の選別された者にだけ伝達されていたのである。

かようにして私的情報開示をおこなう慣行が，アメリカではかなりの期間なされてきており，1990年代の後半ごろからそれは顕著になり，情報の質や量そしてタイミングの面で投資者間に情報格差が生じるようになった。それは，情報の入手可能性の点で，公正性を阻害する要因となっていた。

そのような中，1999年12月に，SECは，公平開示規制（regulation fair disclosure：レギュレーションFD）の公開草案を公表し，公開草案についてコメントを求めた。公開草案に対するコメントの大部分は個人投資者からのものであり，その内容は，SECに対してレギュレーションFDの正式採択を求めるものであった。他方，証券界，法曹界および銀行界などは，レギュレーションFDが企業の情報開示を後退しかねないと反対した。

SEC はかかるコメントを勘案して，次の点を改定した。
（１）　規則が適用される範囲を限定する。
（２）　規則は個人責任を問わない。
（３）　一般向けの公表は，選別的な情報開示を意図的に実施もしくは断行した場合にのみ求められる。
（４）　規則は大部分の証券の公募発行や外国企業には適用されない。
（５）　規則違反の場合でも，簡略書式による登録の資格や規則 144 に基づいて有価証券を売却する資格には影響しない。

かくて 2000 年 8 月，SEC（2000）により，レギュレーション FD は正式に採択され 10 月 23 日から施行されている。

第 2 節　レギュレーション FD の概要と問題点

レギュレーション FD は原則として，企業が重要な私的情報を選別された者に優先的に知らせることを禁止し，すべての投資家に同時に開示することを義務づけている。また，企業が意図せずに重要な未公開情報を選別的に開示したと気づいたときには当該情報を速やかに公表することも義務づけている。ここで，速やかにとは，合理的に実行可能な範囲内ですぐにという意味で，選別的な情報開示がなされて，それを知ってから 24 時間以内かまたはニューヨーク証券取引所の取引が開始されるまでのどちらか遅いほうであると規定されている。

レギュレーション FD で要求される情報の公表方法は，Form 8-K による臨時報告書の SEC への届出またはその他の一つもしくは複数の手段による広範かつ排他的でない情報開示の方法である[2]。

このようなレギュレーション FD が義務づけられる対象は，継続情報開示を負う企業と，その企業に代わって行動する者である[3]。その場合，クローズ・エンド型以外の投資会社，外国政府及び外国企業はそこから除かれる。かようなレギュレーション FD が義務づけられている者は，そうでない者を利用して

第 2 節　レギュレーション FD の概要と問題点　75

重要な未公開情報を選別的に開示することは許されない。

　この場合，選別的に開示することが禁止されている相手とは，原則として証券市場のプロフェッショナル（① 証券会社とその関係者，② 投資顧問会社と機関投資者のファンド・マネージャーとその関係者，③ 投資会社（会社型の投資信託）とその系列にある者）そして，当該企業の発行証券の保有者（ただし，開示された重要情報を利用して発行証券の売買をおこなうことが合理的に予見できる者に限定される）である[(4)]。

　レギュレーション FD の問題点として，以下，記虎（2005）に即して指摘しよう。まずは，重要な情報である。何を持って重要とするのか，レギュレーション FD は，明確には定義していない。例えば金額として，どれくらいならば重要であるといった記述はないのである。

　しかしながら SEC は，レギュレーション FD の正式採択に際してのリリースの中で，重要な情報に認定される可能性が高い情報として，① 決算情報，② 合併，買収，公開買付，ジョイント・ベンチャーおよび資産の変更，③ 新製品の開発，顧客や納入業者に関する変更，④ 支配関係や経営者の変更，⑤ 会計監査人の変更や不適正意見を付す旨の通告，⑥ 優先証券のデフォルト，証券の償還，買入れの計画，株式分割，配当政策の変更，株主権利の変更，証券の追加的な募集や売出し等発行証券に関する事項，⑦ 破産管財人の任命という七つの項目をあげている。しかし，これらの項目が常に重要な情報であるとは限らず，重要な情報となるかどうかは個別に判断されなければならない。

　当該情報が重要であるかどうかは，主としてインサイダー取引をめぐる過去の判例に基づくとされている。判例では，合理的な株主が投資意思決定をおこなう上で重要と考える見込みが充分にあるならば，当該情報は重要であるとされている。このような記述では，重要であるかどうかはどちらにでも取れ意味をなさないといえる。合理的な株主が投資意思決定をおこなう上で重要と考えるとは，いったい何を持っていえるのであろうか。

　SEC は，かかるレギュレーション FD における重要な情報が不明確な点について重要となるかどうかの境界の明確な基準を設け，何が重要な情報であるか

を限定的に示すリストを作成することは，そのねらいに不適当であると述べている。

このことは，レギュレーション FD が，企業に重要な情報を確定して開示させることが主としたねらいでなく，重要な情報が企業によって選別的に開示された場合にのみ，他の投資者に公平に情報が伝達することを意図しているからであるといえよう。ここでは，この点に大きな問題が孕んでいると考える。

また，レギュレーション FD の次なる問題点として，その情報の公表方法について不明確であることがあげられる。それは，レギュレーション FD が Form 8-K による臨時報告書の SEC への届出以外の方法について明示していないということである。

かような重要性の定義と情報の公表方法が不明確であることは，経営者予測情報の有用性と市場の効率性を考察するに際して，レギュレーション FD に致命的な欠陥があることをここでは明らかにしていくことになる。

第 3 節　MD & A の概要と問題点

レギュレーション FD と同様に，アメリカにおける経営者利益予測情報の開示について論じる場合，経営者による財務・経営成績の分析（Management's Discussion and Analysis: MD & A）を見過ごすことはできない。MD & A とは，経営者による過年度の財務状況・業績や将来の見通しについての説明および分析である。MD & A 制度の萌芽期は，尾崎（2002）によると，1968 年の 33 年法の「登録書類の作成・提出に関するガイド」のアイテム 22「収益の要約」にあるといわれている。しかしながら，ここではまだ MD & A という用語は出てきていない。MD & A という用語が出てくるのは，1974 年の改正 33 年法ガイド 22 と新しい 34 年法ガイド 1 である。

それから年月を経て現行の MD & A へと至るのであるが，現行の MD & A 制度は，その後の 1980 年の改正における変容を経たものであり，初期のころのものとは完全に同じというわけではない。ここでは，MD & A の中でも，経

第3節　MD＆Aの概要と問題点　77

営者予測情報に限定してその概要と問題点を述べていくことにしよう。

　尾崎（2002）によると，従来のMD＆Aの「収益の要約」や「営業成績の要約」では，企業収益あるいは経常損益との関連においてのみ経営者の討議・分析を意味するにとどまっていた。それが1980年の改正によって大きく変容したのである。変容した内容は様々であるが，経営者の予測に限定すると，尾崎（2002）によれば，「将来に向けられた情報」の開示は強制しない一方，「傾向」等の開示についての解釈によっては経営者が有する将来志向情報の一部を直接的に開示強制する結果となっている。しかしながら，この1980年の時点でも，尾崎（2002）によると，将来に向けられた情報のすべてがMD＆Aによって強制開示される種類の情報とはなっていない。尾崎（2002）は，SECが不確実要素を含む情報について政策的に敢えて二分し，①MD＆Aにおいて開示要求されるものと，②そうでないものとし，前者には，伝統的な「事実」情報の枠内にある将来志向情報であるのに対して，後者は，開示の奨励はされるが強制されないものであるとしていると述べている。

　MD＆Aの目的は，長谷川（2002）によると投資者が，財務諸表本体の数字と簡単な脚注だけで業績の内容を判断し，業績予測することが不十分なため，豊富な情報を持つ企業の経営者自身に，財務諸表の簡潔な解説をおこなわせ，それとともに，将来の見通しについても短期的・長期的分析情報を提供させ，情報不足で不利な投資者にも，実質的に同等の企業を判断する機会を与えようとすることにある。しかしながら古市（2002）が示唆しているように，その記載内容については，大枠が定められているだけで，様式も含め具体的な内容が，企業の自由に委ねられている点が問題として考えられる[5]。

　かようにしてMD＆Aにおいても，経営者予測情報を開示することは経営者に推奨されこそ，その具体的な内容を定めて，それを強制開示するには未だに至っていない。

第4節　経営者利益予測情報の正確性と市場の効率性

(1) 予測の正確性

　先述のように，アメリカにおいてはレギュレーションFD施行後に多くの経営者が任意であるが，利益予測情報を公表している。伊藤（2006）によると，業績予想について日本とアメリカを比較すると主に3点異なる。先ず，第一点として，アメリカでは証券アナリストによる業績予想が中心であり，経営者による業績予想は一部の企業しか公表していない一方，日本では「決算短信」によって経営者による業績予想が9割以上の企業によって行われている点である。次に第二点として，アメリカでは業績予想を公表する企業は，そのほとんどが年1回しかそれを公表しない一方，日本では，中間決算短信も公表されるし，予想修正も頻繁に公表されている。そして第三に，アメリカでは日本のように特定の単一の予想値を出すことは稀で，最低値と最高値のレンジを示すか，「前年比減益（増益）」という表現が用いられることが多い。

　この経営者利益予測情報であるが，それが有用であるためには，他の媒体で提供されている利益予測情報よりもより有意に正確であることが必要である。なぜならば，もし，他の情報源が公表している予測情報の方がより有意に正確であるならば，経営者利益予測情報を公表しても，誰も利用しないと考えられるからである。この場合，企業の業績の予測を伝達する他の媒体としては，証券アナリストが容易に想定することができるであろう。そこで，経営者の利益予測が正確であるかどうかを判断するために，経営者利益予測情報と証券アナリストの予測の比較を見てみることにしよう。

　経営者の利益予測と証券アナリストの利益予測とで，その予測の正確性を比較した実証研究として，Ruland（1978），Imhoff（1978）そしてJaggi（1980）の実証研究などがあげられる[6]。その中でRuland（1978）の実証研究が代表的といえる。そこで以下ではRuland（1978）の実証研究を紹介し，経営者の利益予

第4節　経営者利益予測情報の正確性と市場の効率性　　79

測と証券アナリストの利益予測のどちらがより正確であるのかを見てみよう。

Ruland (1978) は，経営者の利益予測と証券アナリストの利益予測の正確性を比較するのに以下の規準を用いてサンプル 65 社を抽出している．

　　＜サンプル抽出規準＞
1．1969年12月から1973年12月までWSJ (Wall Street Journal) に記載されている。
2．COMPUSTAT に少なくとも 6 年間分のデータが存在する。
3．経営者の予測報告前 2 カ月以内に証券アナリストによって異常項目前の EPS の予測が公表される。
4．経営者の予測報告後 1 カ月以内に証券アナリストが新しいまたは修正された予測を公表する。

かくて Ruland (1978) は，この 65 社からその実際の会計利益と利益予測との平均絶対パーセンテージ誤差を規準として経営者利益予測と証券アナリストの利益予測との正確性の比較を検証する[7]。この場合，経営者利益予測情報と証券アナリストの利益予測情報の正確性を比較する方法として，二つの方法が実施されている。一つは，経営者利益予測情報と証券アナリストの利益予測情報を直接，平均絶対パーセンテージ誤差を使用して比較する方法で，他の一つは，間接的に比較する方法で，経営者利益予測情報と証券アナリストの利益予測情報の間に基準となる機械モデル（ここではインディックスモデル）を介在させて，平均絶対パーセンテージ誤差で比較する方法である。

これら二つの方法のうち，前者の方法は確たる正確性の基準となるものがないことから相対的な正確性の比較が困難であるといえる。そこで Ruland (1978) が使用した方法の中から後者の方法でなされたものを以下で紹介しよう。

先ず，Ruland (1978) は，証券アナリストの利益予測情報を経営者の利益予測情報の公表前のものとその公表後のものとの二つに分けている。この場合，経営者の利益予測情報が公表される前に公表された証券アナリストの利益予測

情報が，経営者の利益予測情報よりも有意に正確であるならば，証券アナリストの利益予測情報の優位性が証明されたことになる。またもし，経営者の利益予測情報の報告前に公表された証券アナリストの利益予測情報が経営者の利益予測情報よりも正確でないまたは同じくらい正確であった場合に，経営者の利益予測情報の報告の後に公表された証券アナリストの利益予測情報が経営者の利益予測情報と同じくらいまたはもっと正確であれば，経営者利益予測情報が正確であることを検証すると同時に，証券アナリストの利益予測情報が経営者の利益予測情報の影響を受けていることを証明することになる。

このような推定の下に，Ruland (1978) は，経営者利益予測情報の正確性と証券アナリストの利益予測情報の正確性を比較している。

先ず，経営者利益予測情報とインデックスモデルの利益予測との正確性の比較であるが，経営者の利益予測情報がインデックスモデルの利益予測よりも正確であるのが68%でありその反対が32%であった。Ruland (1978) はこれをWilcoxon検定しているのであるが，その結果から，経営者の利益予測が正確であることが1%水準で有意であると示された[8]。次にRuland (1978) は，経営者が利益予測情報を報告する前に公表された証券アナリストの利益予測情報とインデックスモデルとの正確性の比較しているのであるが，その結果は証券アナリストの利益予測情報がインデックスモデルの利益予測よりも正確であるのが，55%でありその反対が45%であった。これはWilcoxon検定では，証券アナリストの利益予測情報が正確であることは有意でないことを示している。最後に，Ruland (1978) は，経営者が利益予測情報を報告した後に公表された証券アナリストの利益予測情報とインデックスモデルとの正確性を比較しているのであるが，証券アナリストの利益予測情報がインデックスモデルの利益予測よりも正確であるのが66%であるのに対しその反対が34%であった。これはWilcoxon検定では，証券アナリストの利益予測情報が正確であることが5%水準で有意であることを示している。

以上のことから間接的ではあるが，経営者利益予測情報は，その報告前の証券アナリストの利益予測情報よりも正確であり，その報告後に公表された証券

第4節　経営者利益予測情報の正確性と市場の効率性　　81

アナリストの利益予測は，経営者利益予測情報の影響を大いに受けていると解される。このことは，経営者利益予測情報が有用であるための一つの要件である正確性を有していることを証明しているといえよう。しかしながら，正確であっても投資者等の情報利用者に実際に利用されていないのならば有用であるとはいえないであろう。そこで次節では，任意に公表されている経営者利益予測情報が，実際に利用されているのかどうかアメリカでおこなわれた実証研究を通して見てみよう。

(2)　情報の有用性と市場効率性
①　レギュレーションFD施行前

アメリカでは経営者利益予測情報の開示は強制開示にはいたらず，諸般の理由から，任意開示にとどまっている。しかしながら，経営者利益予測情報で危惧されている予測の正確性は，前節から明らかなように他の情報媒体よりも優位であることが実証されている。

ここではそれらの事情を踏まえて，たとえ任意であれ，開示された経営者利益予測情報が，現実に有用であったかどうか，証券市場を通して分析された実証を紹介し考察することにしたい。そこで，経営者利益予測情報の有用性についての実証研究としFoster (1973)，Patell (1976) そして Nichols and Jeffrey (1979) などがあげられる[9]。ここではその中から，Foster (1973) と Patell (1976) を取り上げることにしよう。Foster (1973) は，当期の年次利益公表直前に公表される経営者利益予測情報（以下，短期経営者利益予測情報とする）の情報効果の存否について実証しており，Patell (1976) は，前期の年次利益公表後から当期の第1四半期利益公表までの間に公表される経営者利益予測情報（以下，長期経営者利益予測情報とする）の情報効果の存否について実証している。

それでは，それぞれについて紹介し，投資者に代表される情報利用者が実際に経営者利益予測情報を利用しているかどうかを見てみよう。Foster (1973) は以下の規準に基づいて68社のサンプルを抽出し，日別の投資収益率を算出している。

<サンプル抽出規準>
1．1月1日から12月31日を会計年度とする。
2．CRSP（The Center for Research in Security Prices at the University of Chicago）テープに記載されている。
3．企業経営者のEPS（Earning Per Share）の推定値の算出週も予測利益公表週にも配当の公表がなく，また，EPSの推定値の算出週も予測利益公表週の周囲16週間に株式分割の公表がない。
4．企業経営者の年次EPSの推定値が市場の期待値よりも正確であること。

 規準4に表わされている市場の期待値とは，ここではナイーブモデル（過去の実績値，例えば1年前の年次利益＝当期の年次利益という予想）を意味しており，経営者の利益予測情報は，このナイーブモデルよりも正確であることが前提となっている。なぜならば，正確でなければ当然有用でないからである。
 この正確性を比較する基準として使用されたのが，先述の絶対パーセンテージ誤差である。Foster（1973）の実証研究で選択されたサンプル68社の場合に，その経営者利益予測情報のEPSの推定値の平均絶対パーセンテージ誤差は，1.8％である一方，ナイーブモデルの平均絶対パーセンテージ誤差は，26.7％である。誤差が大きい方が，予測が正確でないのだから，この場合，サンプル68社の経営者利益予測情報は，ナイーブモデルよりも予測が正確であることを意味している。先述のように予測が正確であることは，有用であることの一つの要件であるのだから，このサンプルは，それをクリアしているといえよう。Foster（1973）はこれらのサンプルから，さらに経営者利益予測情報がその公表時に情報効果を有するかどうかを実証している。その際に使用された方法は，Ball and Brown（1968）で採用された方法とBeaver（1968）で取られた方法の二つである。
 Foster（1973）は情報効果の存否の実証研究をするにあたって先述のサンプル68社とは別に規準1から規準3までを満たす68社を統制サンプルとして抽

第4節 経営者利益予測情報の正確性と市場の効率性　83

出し, Beaver (1968) で行われた取引量分析を経営者利益予測情報にあてはめて検証している。この場合, Foster (1973) は平均 $V_{i,t}$ (i 企業の一定期間の取引株式数のパーセンテージの平均) を使用して, 短期経営者利益予測の公表週とその非公表週とを比較する。その際に, 短期経営者利益予測情報を公表していない統制サンプルが意味をなしてくる。彼は, 以上のサンプルから3つのグループを算出する。一つは, グループⅠとよばれるもので, 統制サンプルの年次利益公表週と非公表週の平均 $V_{i,t}$ を計算する。次に, グループⅡの①と呼ばれるもので, 短期経営者利益予測情報の公表週と非公表週平均の $V_{i,t}$ である。そして最後に, グループⅡの②とよばれるもので, 短期経営者利益予測情報を公表しているサンプルの年次利益公表週とその非公表週の平均 $V_{i,t}$ である。グループⅠでは, 公表週の平均 $V_{i,t}$ が非公表週平均の $V_{i,t}$ よりも47％増加しており, グループⅡの①では, 公表週の平均 $V_{i,t}$ が非公表週の平均 $V_{i,t}$ よりも51％増加している一方, グループⅡの②では, 公表週の平均 $V_{i,t}$ が非公表週の平均 $V_{i,t}$ よりも1％しか増加していない。これらのことは, 短期経営者利益予測情報が公表されれば, 年次利益情報 (短期経営者利益予測情報を公表していない場合) が情報効果を有するように, 短期経営者利益予測情報も情報効果を有することを意味する。そしてこのことは, 投資者が短期経営者利益予測情報か年次利益情報のうち早い時期に公表されたものに反応することを示唆する。

　次に Foster (1973) は, 短期経営者利益予測情報の情報効果の存否を実証するのに Ball and Brown (1968) の実証方法を踏襲している。彼は市場の期待の代替として利益期待モデルを *IA* から *XB* までの 20 個 (*IA* から *VB* までの 10 個は年次利益期待モデル, そして, *VIA* から *XB* までの 10 個は四半期利益期待モデル) 想定し[10], 累積異常収益率は市場モデルから算出している。20 個の利益期待モデルごとの, 短期経営者利益予測情報公表前5日間の累積異常収益率と短期経営者利益予測情報公表後の累積異常収益率のうち, 年次利益期待モデルの 10 個では, 短期経営者利益予測情報の公表前5日間の累積平均異常収益率は 1.61％ であり, 四半期利益期待モデルの 10 個では, 1.48％ であった。このことは, いずれのモデルを採用しても, 短期経営者利益予測情報の公

表前から公表時にあたって有意な情報効果が見られることを意味する。一方，短期経営者利益予測情報の公表後においては，10個の年次利益期待モデルと10個の四半期利益期待モデルの累積平均異常収益率は，それぞれ0.31％でいずれにおいても有意でない。このことは，証券市場が迅速にかつ適正に短期経営者予測利益情報に反応したことを示唆しており，セミ・ストロング・フォームの市場効率性を裏付けるといえる。

そこで次に，前々期の年次利益公表後から前期の第1四半期利益公表までの間に公表される経営者利益予測情報，すなわち長期経営者利益予測情報の情報効果の存否を扱った実証を紹介しよう。

Patell (1976) は長期経営者利益予測情報の情報効果の存否を実証している。この長期経営者利益予測情報であるが，それは短期経営者利益予測情報と比較して，当期の四半期利益情報の影響を受けていない点に，そして，ディスクロージャーの時点としてはより早い点に特徴がある。Patell (1976) は，1963年から1968年の間にウォールストリートジャーナル (Wall Street Journal：WSJ) に記載されている企業の中から以下の規準に基づいて258社の中から336の経営者利益予測情報を抽出している。

　　　＜サンプル抽出規準＞
1. 企業の証券がニューヨーク証券取引所 (New York Securities Exchange: NYSE) で取引されている。
2. 全く配当の公表が予測報告の週の間になされなかった。
3. 全く株式分割の公表は，予測報告の週の前後17週の間になされなかった。
4. 第3四半期会計年度よりももっと遅くなされた予測は全く含まれなかった。
5. 予測は，直接に企業経営者に起因していなければならない。
6. 利益予測は，期待利益のポイント推定値または最大もしくは最小の期待利益のポイント推定値を認めるのに十分に量的に正確でなければならない（ドル額またはパーセントの点で）。
7. 予測を含んでいる記事は，第1四半期及び第2四半期それぞれの利益及

び売上高そしてそれ以外の財務会計情報の追加的な新しいディスクロージャーを全く含んでない。
8. 予測は，会計年度末に企業によって報告される年次結果の最初の予測であらねばならない。

この Patell (1976) のサンプルであるが，以下のように三つの構成内容になっている。
（1） 前期年次利益情報公表後の経営者利益予測（183社）
（2） 第1四半期利益情報公表後の経営者利益予測（66社）
（3） 第2四半期利益情報公表後の経営者利益予測（87社）

Patell (1976) は Foster (1973) と同様にはじめに Beaver (1968) と同様の手法で長期経営者利益予測情報の情報効果の存否の実証研究をしている。ただし，ここでは取引量の実証ではなく，価格変動の分析をしている。その際に Patell (1976) は，市場モデルを使用して残差を算出している。すなわち，経営者利益予測情報の公表週の前後8週間（非公表週）の投資収益率から市場モデルのパラメータ α と β を推定し，この推定された市場モデルの式に公表週と非公表週の投資収益率の実績値をあてはめ，公表週の残差と非公表週の残差を推定する。かくして Patell (1976) は，予測公表週の残差と非公表週の残差から $V_{i,t}$ と $U_{i,t}$ をそれぞれ算出して以下のような帰無仮説と対立仮説をたてる。

帰無仮説①：$V_{i,t}$ の期待値 $(\overline{V_t})$ は0に等しい。
対立仮説①：$V_{i,t}$ の期待値 $(\overline{V_t})$ は0に等しくない（より大きい/より小さい）。
帰無仮説②：$U_{i,t}$ の平均 $(\overline{U_t})$ は1に等しい。
対立仮説②：$U_{i,t}$ の平均 $(\overline{U_t})$ は1に等しくない（より大きい/より小さい）。

前年度の年次利益公表直後の経営者利益予測情報の情報効果は，年次利益情報公表後の情報効果よりももっと高いことが見られる。かくて Patell (1976) は，長期経営者利益予測情報の情報効果の有意性を示唆している。

次に Patell (1976) は，Ball and Brown (1968) と同様の手法を使用して，長期経営者利益予測情報の情報効果の存否の実証をしている。その際に以下の三つの利益期待モデルを用いている。

モデル1：ナイーブモデル
モデル2：ドリフト付ナイーブモデル
モデル3：インデックスモデル

これら三つの利益期待モデルから以下の式によって経営者利益予測情報公表前の市場の期待が楽観的であったかまたは悲観的であったかを把握する。

$$D_j = \frac{(企業の予測 - j 予測モデルの予測)}{j 予測モデルの予測} \tag{5}$$

$$j = 1, 2, 3$$

(5) 式は，もし企業予測が市場の期待を超過するならばグッドニューズとし，また，企業予測が市場の期待を下回るならば，バッドニューズとする。

グッドニューズのサンプルでは，経営者利益予測情報公表の8週前からその公表後8週までの間に累積異常収益率が上昇しており，その会計情報のシグナルと株価が対応しているといえる。また，バッドニューズのサンプルでは，経営者利益予測情報の公表前1週から公表にかけてその会計情報のシグナルと反対の動きが若干見られるものの，全体的には，会計情報のシグナルと株価が一致しているといえよう。

このような実証結果から，Patell (1976) は，経営者利益予測情報の公表時における有意な情報効果を示唆している。

Patell (1976) の実証研究は，経営者利益予測情報のサンプルを，その公表時点の相違にも関わらず，すべて一緒にしてしまっている。このことから，Patell (1976) は純粋な長期経営者利益予測情報の情報効果を実証したことにはならないであろう。されどそのサンプルの過半数が長期経営者利益予測情報であることから，Ball and Brown (1968) と同様の手法を使用しても，長期経営

者利益予測情報が有用であるといえなくもない。

前述のように，経営者利益予測情報において危惧されている予測の正確性は，他の情報媒体よりも優位であることが，アメリカの実証研究から明らかになっている。

② レギュレーションFD施行後

レギュレーションFD施行前とレギュレーションFD施行後とで会計情報のディスクロージャーの質と量が大きく異なるのは当然のことであるが，中でもアメリカの企業の多くが経営者の業績予想を公表するようになったのは顕著である。

浦崎（1995）は，アンケートによる経営者利益予測情報の5カ国間の比較分析をおこなっている。表7は，経営者利益予測情報を含む予測財務情報の公表に対する経営者の意識を表している。

この表7からわかるようにレギュレーションFD施行前には，経営者利益予測情報を公表することに「強く賛成する」および「賛成する」という企業は5カ国で，平均で10.7％であるのに対し，開示に「強く反対する」および「反対する」企業は，平均で66.0％であった。中でも，アメリカは，83.1％が反対しており，他の国々よりも著しく反対している。

それではなぜ企業の経営者は，経営者利益予測情報を公表したがらないので

表7　経営者の業績予想の公表に対する経営者の意識

	アメリカ	カナダ	イギリス	オーストラリア	日本
① 強く賛成	1.5%	1.2%	3.8%	0.0%	2.2%
② 賛成	3.1%	5.8%	7.5%	10.8%	17.2%
③ どちらでもない	7.7%	17.4%	24.5%	24.7%	29.0%
④ 反対	44.6%	48.8%	43.4%	45.2%	35.5%
⑤ 強く反対	38.5%	22.1%	20.8%	18.3%	12.9%
⑥ 無回答	4.6%	4.7%	0.0%	1.1%	3.2%

（出典：浦崎，1995，p.179，図表15・18，一部削除）

表8 経営者の予想の公表に反対する理由の重要度

	アメリカ	カナダ	イギリス	オーストラリア	日本
①予測値が目標とみなされるから	3.6	3.6	4.1	3.9	2.5
②情報の正確性が欠如しているから	2.2	2.3	2.5	2.0	1.6
③予測情報が確実なものとみなされるから	1.9	1.9	1.7	1.7	1.9
④法的責任が重大であるから	1.8	2.5	2.6	1.9	2.7
⑤予測情報の更新による諸問題があるから	2.1	2.9	2.7	2.2	2.8
⑥利用者が誤導されるから	3.0	3.0	3.5	3.0	3.3
⑦競走上の不利益をもたらすから	＊	＊	＊	＊	3.2
⑧その他の理由	4	5	4	5	4

(出典:浦崎, 1995, p.180, 図表15・19, 一部削除)

あろうか。表8は，経営者利益予測情報を公表するのに反対する理由の重要度を表している。この表8からわかるように，アメリカでは，法的責任が重大であることがその理由として一番大きい（この表では数値が小さいほうが，相対的に重要度が高い）。これは，従来から想定されていた理由と一致しており，近年においてもなお，アメリカでは根強く残っていることを表している。

表9は，株主宛年次報告書へ記載しているかどうかを表している。この表9からわかるように，4カ国ともあまり経営者の業績予想を公表していない。も

表9 経営者の予想を公表しているか

	アメリカ	カナダ	イギリス	オーストラリア
①はい	12.3%	24.4%	18.9%	21.5%
②いいえ	83.1%	72.1%	79.2%	76.3%
③無回答	4.6%	3.5%	1.9%	2.2%

(出典:浦崎, 1995, p.178, 図表15・14, 一部削除)

第4節　経営者利益予測情報の正確性と市場の効率性　　89

ちろんここで問題にしているアメリカはその中の一つであるのであまり公表していないといえる。すなわちレギュレーションFD施行前にはアメリカでは，ほとんどの企業が経営者利益予測情報を公表しておらず，投資者がその情報を一般に入手しているとは考え難い。ゆえに，レギュレーションFD施行前のアメリカでは，経営者利益予測情報に含まれている情報内容は，実際にその情報が実現し次の決算報告書によって公表されるまでに，フェアーに証券市場の価格に織り込まれていたとは考えがたい。また，アメリカにおいて顕著にでているとはいえ，他の国々も経営者利益予測情報をあまり公表していない。これをアメリカでは訴訟の多いことに理由を見出しているが，他の国々はどのように解釈できるのであろうか。

　さて，レギュレーションFD施行後，全米IR (NIRI) (2002) の2001年3月に行った情報開示実践調査では，回答した企業の79％（大規模資本の企業で88％，中規模資本の企業で85％，そして小規模資本の企業で65％）が業績予想を出していることが明らかになっている。そのうち51％は，業績を促進する要因について論じ，47％は，一定の範囲のEPSを，12％は特定の業績目標を出している。かようにアメリカでは，レギュレーションFD施行前に比べてレギュレーションFD施行後に，より多くの経営者の業績予想が公表されている。

　それでは，レギュレーションFD後に経営者の業績予想の公表が増加したことによって証券市場はどのような影響を受けたのであろうか。Gadarowski and Sinha (2002) の実証研究から[11]，レギュレーションFD施行前からレギュレーションFD施行後までの間に，証券アナリストなどへの選別的情報開示による情報の漏れは減少していることが明らかになっている。またRoy (2002) の実証研究からは，S＆P100社で，レギュレーションFD施行前に比べレギュレーションFD施行後にForm 8-Kのディスクロージャーの量は増加したが，予想されるような証券市場のボラティリティの増加は見られていない。また，Eleswarapu et al. (2001) の実証研究からは，300のNYSE企業全体で，レギュレーションFD施行前は取引コストが有意に高くプラスである一方，レギュレーションFD施行後には，取引コストがより低くなっており，全体的に情報

に非対称性が低いことを示唆している。かように，レギュレーション FD 施行後の証券市場は効率性よりもその公平性が強化されていることが，これらの実証研究から明らかである[12]。

しかしながら，レギュレーション FD 施行後に証券市場にとって好ましい結果のみがあるわけではない。例えば，Mohanram and Sunder (2001) の実証研究では，アナリストの利益予測の分散がレギュレーション FD 施行後に増加していることが見出されている。またさらに，Agarwal and Chadha (2002) の実証研究では，アナリストの予測の正確性が減少していることが判明している。そして，Heflin et al. (2002) の実証研究では，レギュレーション FD のもとで投資収益のボラティリティが増加していることが見られる。これらは，企業から証券アナリストが入手できる情報が減少したことを物語っており，証券アナリストをオピニオンリーダーとするコミュニケーション 2 段階の流れがうまく機能しなくなったことを示している。すなわち，選別的開示状況での証券市場の効率性と，レギュレーション FD 後の効率性を比較するならば，レギュレーション FD 後よりも，選別的開示状況での効率性がより勝るといえる。上述のアナリストの予測力の低下やボラティリティの増加はそれを物語っている。

これは，レギュレーション FD が選別的情報開示を禁じたのが，その効率性に対してというよりもその公平性に対してであるからである。

したがって証券市場は，一見，経営者予想が多く開示されたことで公平性のみならず，効率性も強化されたように考えられるが，実は効率性はむしろ低下したといえるであろう。それは，レギュレーション FD によって，従来は一部の情報利用者に漏れていた企業の重要な情報が，伝達されなくなったことを示唆する。

重要な情報の中で，本書で取り上げている経営者予想に限定して述べるならば，前述のようにレギュレーション FD によって，多くの経営者はその予想を公表するようになったものの，それが本質的に強制開示に至っていないことから，経営者予想の伝達を選別的情報開示ならばおこなっていたのに，レギュレーション FD の場合にはおこなわない経営者が少なからず想定できるのであ

る⁽¹³⁾。かような経営者の企業について少なからず，投資者は情報の非対称性を解消できず，その分だけ市場の効率性は十分ではないと考えられるからである⁽¹⁴⁾。

第5節　社会的選択論

　これまで論じたように，アメリカではレギュレーションFDが施行されたとはいえ，経営者利益予測情報はなお自発的開示のままである。レギュレーションFDは，重要な情報を選別的に開示することを禁ずることによって，ある意味で経営者の予想などの重要な情報を開示する方向へ義務付けたといえなくもない。その結果，アメリカでは従来に比べ，多くの経営者はその予想を公表している。そしてそれに即して，市場の公平性がある部分，強化されていることを証明する実証研究がでてきている。しかしながら，それでもなお強制開示に比べると，経営者の予想などの重要な情報が市場に効率的に織り込まれているとはいえないのではないだろうか。というのは，レギュレーションFDでは，情報の公平性に主眼が置かれていて，重要な情報を選別的に開示することを罰することはあっても，経営者には全く開示しないで決算時まで黙秘を続ける（重要な情報を開示しない）ことが可能だからである⁽¹⁵⁾。これは，レギュレーションFDにより経営者の業績予想などの重要な情報の開示が増加したのに伴い，取引コストや選別的情報開示の減少が達成されたものの，なお少なからず，経営者が重要な情報を開示しないことで，市場の効率性がレギュレーションFD以前よりも十分でない可能性があることを意味する。かように，レギュレーションFD施行後もなお，経営者が業績予想などの重要な情報を開示しない現状を説明するのに井上（良）(1998)の論文が有益な示唆を与えてくれる⁽¹⁶⁾。

　経営者利益予測情報などの重要な情報を情報財と考えた場合，この情報財を情報内容と媒体とセットにすると，情報の供給者（経営者）と需要者（投資者など）が想定できる。経営者利益予測情報は，その企業に関するさまざまな情

報（内部情報を含む）に基づいて経営者が独自に作成するものであり，その性質から，経営者がその財の独占的な所有者であるといえよう。この経営者がこの経営者利益予測情報を生産し公表することによって被るコストをEとし，その情報を公表することによるベネフィットをBとするならば，$B-E<0$のとき，経営者は損失を被るので経営者利益予測情報を公表しないであろう。そこで，社会的選択を考えるため，この経営者を含む社会構成員$n+1$人を想定し，重要な情報を公表することによって，$n+1$人の受けるベネフィットを$(n+1)B$とする。今，n人が2人以上である現実的な場合を考えるならば，上述の経営者のベネフィットと$n+1$人のベネフィットを比較するならば，当然，$B<(n+1)B$となるであろう。そこでさらに，以下の三つのケースを想定する。

（1） BがE以上である。
（2） Eが$(n+1)B$よりも大きい。
（3） EはBよりも大きいが，$(n+1)B$以下である。

経営者予測利益情報の公表が（1）のケースならば，経営者はみな，自発的に重要な情報を公表していると考えられる。しかるに，現実の経営者は強制されないならば，ほとんど重要な情報を公表しない。とすれば，このケースは当てはまらないであろう。次に（2）のケースだが，ここでは社会的ベネフィットが生産費用よりも小さいので，その情報は社会的厚生に適わないことになる。これは，経営者利益情報には当てはまらないであろう。というのは，経営者を除くほとんどの社会構成員は，セミ・ストロング・フォームで効率的である証券市場で，さらにその予測の正確性が実証研究から保証されている環境から，経営者利益予測情報によって多くのベネフィットを情報利用者が得ることはあっても，それに対するコストを経営者はほとんど被ることがないからである[17]。最後に（3）のケースは，経営者はその重要な情報を公表したがらないが，多くの情報利用者がその情報を欲しているケースである。まさに，このケースが，アメリカにおける経営者利益予測情報がおかれている状況であると考えられる。というのは，レギュレーションFDが施行されるまで，経営者はほとんど経営者業績予想などの重要な情報を公表したがらない一方，公表され

た経営者の利益予測情報には有意な情報効果が実証されていることからもそのように考えられるからである。

井上（良）(1998) は，会計情報を強制開示にせずにその会計情報市場の競争原理に基づき，その市場の効率性を設定するに当たって，佐々木 (1991) の理論から，会計情報の市場の創設として政府などの公共機関が情報財を生産し供給する人に対して補助金を交付する必要性を示唆している。これをアメリカにおける経営者利益予測情報などの重要な情報の環境に置き換えるならば，先述のセーフ・ハーバー・ルールや証券私的訴訟改革法がその補助金と同様の働きをするといえる。

だが，井上（良）(1998) が会計情報の市場の創設の実行可能性に問題があることを示唆しているように，アメリカにおける経営者利益予測情報の情報市場は現実には失敗しており，レギュレーション FD 施行後も，その網の目をくぐってその情報を公表していない企業が存在している。

そこでここでは，アメリカにおいて市場効率性のなおいっそうの強化のために，重要な情報の中でも，経営者利益予測情報の強制開示の必要性を示唆する。これは，ひとえに経営者利益予測情報に限定されず，会計情報全体にもいえることであるが，会計情報を生産し供給する経営者にそれを生産し供給することをその自由意思に委ねていては，ほとんどのレリバントな会計情報は決して生産され供給されないといえる[18]。このことを説明するには，井上（良）(1995) の考察が有用である。そこで以下では，井上（良）(1995) に基づいて重要な情報（とりわけ経営者利益予測情報）の強制開示の必要性を社会的選択の理論から説明することにする。

経営者利益予測情報はレリバントな会計情報の一種であるので，当然のことであるが一般均衡理論でいわれる資源配分（または富の再配分）に，影響すると考えられる。したがってその場合，その富の再配分が果たして善か悪かが問題になる。

会計情報の富の再配分を考えるとき，井上（良）(1995) は，厚生経済学でいわれているパレート最適の非現実性を示唆する。このパレート最適であるが，

それは「誰も不利にすることなしに，誰も有利にできないことを意味する。」したがって，もしパレート最適をもたらす富の再分配ならば，誰も反対しないといえる。しかし，Arrow（1963）が証明しているようにそのような富の再分配はありえないのである。すなわち，個人の選好を社会の選好に移行せしめるいかなるルールも存在しないのである。

つまり，経営者利益予測情報を公表することが望ましいと多くの情報利用者が思っていても，それを公表する経営者等が望ましいと思わないならば，それを社会の選好に移行せしめるルールは存在しないのである。

この Arrow（1963）による証明の後，佐伯（1980）によると主に以下の六つの研究がなされてきた。

（1） 既存の社会的決定方式の公理的研究。
（2） 既存の社会的決定方式が生み出しうるパラドックスの発見とその発生確率の研究。
（3） Arrow の定理で用いた公理の修正または社会的決定方式の存在性に関する研究。
（4） 戦略的操作可能性に関する研究。
（5） 「同感」による社会的決定論。
（6） 個人の自由と権利に関する公理的研究。

これらの中から，井上（良）（1995）は佐伯（1980）の理論に依拠して（3），（5），そして（6）の研究に活路を見出している。佐伯（1980）は，Arrow（1963）の証明の修正として Sen（1970）の証明を以下のように解する。

Sen（1970）は，Arrow（1963）の条件を集団選択ルールの領域が任意に限定されるべきではないという要求であるとみてそれを条件 U とし，Arrow（1963）の条件 P と自らの条件 L（自由主義—すべての個人 i について，もしこの個人が y を x よりも選好すれば，社会も y を x よりも選好するような，少なくとも一対の選択肢が存在する）によって，条件 U，P および L を同時に満足させ得るいかなる社会的決定関数も存在しないという定理を導き証明している。

それから，Sen（1970）は，多くの批判に応えるべく上記の定理の修正案を提

第5節 社会的選択論

示する。それは，ほとんどのパレート原理と条件 L（または $L*$）の間の生じうるコンフリクトを避ける試みは，条件 L（または $L*$）を弱めるという形態をとってきているが，パレート原理を弱めることからより強い主張がなされうるということである。

これは，個々人の選考順序について社会的選択にあたって考慮されるべきことを望む選好と考慮されるべきでない選好とに分け，考慮されるべきことを望む選好のみによってパレート最適の条件を形成することによっておこなわれる。

この解決策は，井上（良）(1995) によると，会計情報（ここでは経営者利益予測情報）を強制開示するかどうかの社会的決定理論においては，利己心仮説の放棄と倫理性の導入が必要であると指摘している。この場合の倫理性とは，会計人における倫理性であり，それは有用な会計情報を提供することである。

経営者利益予測情報の有用性の実証研究からわかるように，アメリカでは自発的に開示されていた経営者利益予測情報が有用である（情報効果がある）ことから，その情報がレリバントであり，レギュレーション FD 施行後の証券市場からわかるように，市場の公平性が強化されている。かくて経営者利益予測情報は多くの情報利用者に公表されることが望ましいといえる。しかるに自発的であれば，たとえレギュレーション FD によって，多くの経営者がその利益予測情報を公表しても，なお公表しない経営者が残ることになる。かくて投資者間の公平性のみならず企業間の公平性から判断しても会計人の倫理性に照らして，政府が強制開示を義務づけることが必要であろう。

アメリカにおいて，経営者利益予測情報の有用性は，かなり以前から実証研究によって証明されてきている。しかるに，これまで訴訟社会であるアメリカでは，経営者利益情報の公表には消極的であった。というのは，訴訟された場合，多くの企業が多くのコストを負わなければならないと考えられたからである。しかるに，Ruland (1978) などが実証しているように，経営者の利益予測は実際には証券アナリストよりも正確であり，また経営者は，セーフ・ハーバー・ルールや証券私的訴訟改革法の下では，予測が正確でなかった場合にも

訴訟上有利な立場にある。ゆえに経営者が経営者利益予測情報を公表できない理由は本来存在しないはずである。

このことは，レギュレーションFDによってかなり裏付けられたといえよう。重要な情報の選別的情報開示の禁止により，経営者の多くが経営者の業績予想を公表するようになった。しかしながら，それはすべての企業であるわけでなく，企業によっては重要な会計情報を黙秘つづけて決算時にはじめて公表する場合もある。これは，訴訟以外にも企業が経営者予測情報を公表したがらない理由が存在することを示すといえよう。また，多くの企業が経営者予測情報を公表しているもののNIRI（2003）の「企業の公表する業績予想の行方」についてのレポートでは，株式がらみの民事訴訟が，1990年には150件であったものが2001年には350件に増加していると述べられている。このことは，経営者予測情報の正確性の低下を物語っており，セーフ・ハーバー・ルールや証券私的訴訟改革法といった過保護なルールによる悪影響として考えられる。

かくて，レギュレーションFDによって市場の公平性が強化されていることは，実証研究からも示唆されるものの，経営者利益予測情報の会計情報は，情報財市場として失敗していると考えられる。ゆえに，市場の効率性という観点からは，レギュレーションFDによる任意開示はまだ不十分であり，場合によってはむしろそれ以前よりも後退しているといえる。というのは，レギュレーションFDでは，重要な情報を公表するかどうかは経営者に委ねられており，それを公表するかどうかに経営者の恣意性が介入すると考えられるからである。

さすれば，アメリカでの実証研究の結果からも有用であることが明らかな経営者利益予測情報をレギュレーションFDのような形式ではなく，強制開示する情報として明確に位置づけ，その公表の仕方を明確にして企業に強制で開示するように試みることは，市場の公平性のみならず，企業間の公平性のさらなる改善をもたらすと言えよう。しかるに経営者利益予測情報の強制開示を提案するとともに，さらにその監査の重要性とその後の訴訟とその結果についての追跡調査が必要不可欠であることを指摘しておきたい。

第6節 日本における経営者利益予測情報の有用性

　日本においては，証券取引所の要請により上場企業は，決算短信において次期の売上高，経常利益，純利益，1株当たりの配当金などにかかる予測値の開示が強制されている。しかしながら，確固とした会計基準が存在しているわけではなく，それを制度化されているとはいえないであろう。この経営者利益予測情報であるが，日本の証券市場では有用であるのかどうか，後藤（1997）の実証研究を見てみることにしよう。

　後藤（1997）は，McNichols（1989）のフレームワークで分析をしている。McNichols（1989）の検証結果では，次の2点が示されている。

（1）　予測数値の公表前の累積残差が予測数値と実現値との差と有意な関係を有している。

（2）　予測値の公表時点で有意な株価の反応が存在する。

　このことは，後藤（1997）によると，投資者が意思決定において使用する情報と経営者が予測値を形成する際に使用する情報は異なった部分が存在していることを意味しており，経営者が公表する予測値に織り込まれた情報と投資者が意思決定において使用していた情報を考察するならば，予測値には投資者が利用していない情報もさらに含まれており，その情報は公表された時点で投資者の意思決定に影響を及ぼすと考えられる[(19)]。

　McNichols（1989）は，経営者が公表した予測値をそれ以前に公表されているアナリスト予測およびその実績値の両者に関係づけて分析をしている。しかしながら，日本ではこの時点で，証券アナリストによる予測情報が，利用可能な形式で系統的なデータとして存在していなかったことから，アナリスト予測の代わりに年次決算短信に含めて公表された経営者予測を使用している。

　後藤（1997）の実証研究では，中間決算短信の公表日を中心に，その公表前の残差累積期間とその公表後の残差累積期間を設定している。この中間決算短信には上半期の中間決算で得られた売上高，経常利益などの実績値に加えて，

その期間が構成している会計年度に関する予測値が含まれている。この予測値は，$t=-120$ の時点で公表された年次決算短信に含まれていた予測値が，半年経過することによって明らかとなった年次上半期の実績に基づいて改訂されたものである。その改訂の大きさを，後藤（1997）は，予測偏差としている。また，中間決算短信で公表された予測値はおよそ $t=+120$ の時点で実績値からの誤差が明らかになるが，後藤（1997）は，これを予測誤差としている。

そこで，後藤（1997）は McNichols（1989）の検証された仮説を自己の研究に置き換えて次のように仮説をたてる。

（1） 中間決算短信は投資者の意思決定に影響を及ぼしている。

（2） 投資者は，経営者が予測をおこなう際に用いる情報よりも多くの情報を用いて，意思決定をおこなう。

さて予測偏差（FD）と予測誤差（FE）であるが，後藤（1997）によると，下記の二つの式でそれぞれ算定される。

$$FD = \frac{CF - NF}{|ND|} \tag{6}$$

$$FE = \frac{NR - CF}{|CF|} \tag{7}$$

　　NF：$t=-120$ で公表された年次決算短信に含まれる予測値。

　　CF：$t=0$ で公表される中間決算短信に含まれる予測値。

　　NR：$t=+120$ で公表される年次決算短信に含まれる実績値。

後藤（1997）は，この予測偏差と予測誤差の符号に基づいてサンプルをグループ化し，グループごとに次の式で計算された累積残差（CAR_{gT}）により検証をおこなっている[20]。

$$CAR_{gT_1T_2} = \sum_{t=T_1}^{T_2} \frac{1}{N_{gt}} \sum_{t=1}^{N_{gt}} Z_{it} \tag{8}$$

後藤（1997）の実証結果は，予測偏差の正のサンプルのグループ（予測偏差（正）・予測誤差（正）と予測偏差（正）・予測誤差（負））では，中間決算短信の公表日まで平均残差が正の方向へ累積している。この場合，中間決算に基づ

く上半期の実績値と同時に公表された年次決算の予測値が，$t=-120$ の時点で公表された予測値を上回っているので，予測偏差が正であることを示している。後藤（1997）によると，$t=0$ の時点まではそれぞれ 0.02927 と 0.01906 で，正の方向に残差が累積している。また，予測偏差が負のグループ（予測偏差（負）・予測誤差（正）と予測偏差（負）・予測誤差（負））では，それぞれ -0.01808 と -0.03422 となり，逆の方向に累積されている。そして後藤（1997）は公表日に，予測偏差の符号と同じ方向へのかなり大きな反応を確認している。これらのことから，中間決算短信で公表された経営者利益予測が有用であることがわかる。

それでは，$t=0$ 以降，中間決算短信の公表後の期間についてはどうであろうか。後藤（1997）によると，予測誤差が正のサンプルのグループの平均残差は正の方向に，負のサンプルのグループの平均残差は負の方向に累積している。すなわち，予測値と比べて，公表される実績値が大きいか小さいかを予測するような形で平均残差は累積しているのである。また，後藤（1997）によると，すべてのグループにおいて，公表前の累積残差と予測偏差，公表後の累積残差と予測誤差の間には有意な関係があることが実証されている。

これらの実証証拠は，経営者利益予測情報の有用性を支持しており，これまでの実証結果と同様であるといえる[21]。

第7節　経営者利益予測情報の予測方法

前述のように，日本においても経営者利益予測情報は有用であることが実証されている。しかしながら，この経営者利益予測には企業の内部情報などが介在することから，経営者の恣意性が介入する可能性が大きい。また，日本でも上場企業に 2008 年度から四半期報告書が強制適用される。そこで以下では，できるだけ経営者の恣意性を排除した経営者利益予測の予測方法（四半期利益を使用した方法）として，Box and Jenkins（1976）の時系列モデルを導入したものを提唱したいと思う[22]。

この方法は，アメリカの証券アナリストの利益予測形成方法を考察したものに見られる。証券アナリストの予測も，経営者の利益予測と同様に新しい情報が入手されるたびに，予測を精緻化していく。それを端的に表すのが，Box and Jenkins (1976) の時系列モデルの適応期待モデルなのである。

Brown and Rozeff (1979) は，適応期待モデルを TS 1 から形成している。以下の式は，TS 1 モデルによる t 時点の 2 四半期前方の予測を表している。

$$z_t(2)=z_{t-2}+\phi1(z_t(1)-z_{t-3})-\Theta_4 a_{t-2} \tag{9}$$

また，TS 1 モデルによる $t+1$ 時点の 1 四半期前方の予測は，以下である，

$$z_t(1)=z_{t-2}+\phi1(z_{t+1}-z_{t-3})-\Theta_4 a_{t-2} \tag{10}$$

ただし，

z_t：四半期 t 時点の実際の EPS
$z_t(k)$：k 四半期前方の EPS の四半期 t 時点からのモデルの期待値
θ_1, Θ_4：移動平均パラメータ，$0<\theta<1$，$0<\Theta_4<1$
a_t：ランダム誤差項目
ϕ_1：誤差学習係数

(9) 式から (10) 式を差し引き，式を展開していくと下記のような 1 四半期予測修正の線型回帰式が導かれる。

$$z_{t+1}-z_t(1) \text{ における } (z_{t+1}(1)-z_t(2)) \tag{11}$$

$$z_{t+2}-z_{t+1}(1) \text{ における } (z_{t+2}(1)-z_{t+1}(2)) \tag{12}$$

$$z_{t+3}-z_{t+2}(1) \text{ における } (z_{t+3}(1)-z_{t+2}(2)) \tag{13}$$

Brown and Rozeff (1979) の実証研究によると，適応期待モデルで推定された予測と証券アナリストの予測との誤差が小さく，第 3 四半期利益を条件とする 1 四半期前方の修正を除いて，有意でないが非ゼロであることが述べられている。また，傾きの反応係数がゼロよりも大きくそして 1 よりも小さいことが示されている。これらのことから，Brown and Rozeff (1979) は証券アナリストの利益予測が適応期待モデルであると推定している。このことは，証券アナリストの利益予測が既存の四半期利益情報から合理的に推定されており，信頼性があり正確であることを意味する。しかしながら，アナリストの利益予測の

修正の反応係数は,適応期待モデルの推定パラメータ ϕ と必ずしも完全には一致していない。すなわち,適応期待モデルにおいては,推定されたパラメータが四半期報告利益に制約されたただ一つの値で標準化される一方,証券アナリストの利益予測によって推定された回帰式での反応係数は,0.70,0.28,そして 0.57 とそれぞれ大幅に変動している。このことから,証券アナリストの利益予測には,経営者利益予測などの他の情報源が介在していることが考えられる。

そこでこの適応期待モデルを経営者の利益予測に導入することを提唱する。先ず,経営者の恣意性が介入する場合,大きくは二つの点に介在すると思われる。一つは,内部情報を予測の推定に取り入れるときであり,他の一つは,過去の利益情報を予測の推定に取り入れるときである。Box and Jenkins (1976) の時系列モデルは,後者の過去の利益情報(例えば四半期利益)を予測推定に取り入れるときに恣意性が介入し難いといえるであろう。というのは,Box and Jenkins (1976) の時系列モデルでない予測の場合,明確な方法でない限り,曖昧さが残る余地が大きいからである。その点,Box and Jenkins (1976) の時系列モデルであれば,データさえ入れてしまえば,誰が計算しても同じ予測が推定できる。またその予測の正確性は,適応期待モデルまで展開していけば,より精緻化することも可能であろう。一方,監査という視点で考えた場合も,その予測の形成過程が観察できることから,従来の予測に対してよりも容易に監査できるといえる。

それでは,前者の内部情報についてはどうであろう。内部情報を予測の推定に取り入れる場合,そこに恣意性が介在することは不可欠である。前述のように,四半期利益を基に Box and Jenkins (1976) の時系列モデルを展開して適応期待モデルから予測を推定する場合,適応期待モデルにおいては,推定されたパラメータが四半期報告利益に制約された,ただ一つの値で標準化される一方,証券アナリストの利益予測によって推定された回帰式での反応係数は,0.70,0.28,そして 0.57 とそれぞれ大幅に変動している。この変動している部分が,他の情報源に起因するところといえるであろう。仮に,経営者が,適

応期待モデルで予測を推定するならば，この変動する部分が内部情報に起因するところといえる。上述の例で，標準化されたパラメータが 0.50 ならば，その差（0.70 ならば 0.20，0.28 ならば−0.22，0.57 ならば 0.07）の部分が，内部情報によって変更された部分といえるであろう。かように，経営者が Box and Jenkins（1976）の時系列モデルを展開して適応期待モデルから予測を推定する場合，過去データによる客観的推定と内部情報との峻別が可能になると思われる。

　経営者利益予測の推定の妥当性を監査する場合，経営者が Box and Jenkins（1976）の時系列モデルを展開して適応期待モデルから予測を推定するならば，この内部情報によって影響を受けた部分の信憑性が問われることになるが，従来の監査に比べはるかに容易になると思われる。しかしながら，Box and Jenkins（1976）の時系列モデルを使用しないで，過去データによる客観的推定と内部情報との峻別が明確でない利益予測の場合，その恣意性を問うことはかなり困難であると思われる。

　Box and Jenkins（1976）の時系列モデルを導入することで，経営者の恣意的な予測が全く失われるということはないであろう（やはり少なくとも恣意性は介在するであろう）。しかしながら，いずれにしても過去の四半期利益情報を基に合理的に推定される部分と，内部情報などを基に加味される部分とをあいまいにして，どちらにも恣意性が介入することは問題があるといえる。やはり両者は峻別する必要があると思われる（峻別することで過去の四半期利益情報を基に合理的に推定される部分ではかなり恣意性が排除されると考えられる）。

　かように Box and Jenkins（1976）の時系列モデルを経営者の利益予測の推定に導入し，その発展として適応期待モデルで予測を修正することが企業経営者の慣習になれば，今よりは利益予測の信頼性が増すと思われる。また，利益予測の監査も従来よりも容易になり実施可能になるかもしれない。

　しかしながら，たとえ現在の経営者予測利益の正確性が増しても，経営者利益予測の公表が任意であるならば，公表していない企業についての証券アナリストの利益予測は改善されないであろう。かような意味でも，少なくとも年次

利益情報の経営者利益予測情報の強制開示が望ましいように思われる。

　だがそのようになったとき,証券アナリストにBox and Jenkins (1976) の時系列モデルより優れた分析力が必要になることは致し方のないところである。

〔注〕
（1）　ガイダンスは,公的情報開示に先立ち,相対ミーティング,電話会議および接触などを通じておこなわれる。
（2）　広範かつ排他的でない情報開示の方法とは,プレス・リリースの公表,記者会見の実施,事前に日時や場所を予告したミーティングや電話会談の開催などである。
（3）　企業に代わって行動する者とは,企業の上級幹部職員(取締役,経営者, IR担当役員)のほか,証券アナリストやファンド・マネージャーないし証券保有者と日常的に接触する他の者をいう。
（4）　適用除外者は,弁護士や会計士などの企業に信認義務を負う者,開示された情報を内密にすることに明示的に合意した者,信用格付けを主な事業とし,その格付けが一般に公表されている会社は,選別的に情報を開示することが禁止される相手に該当しない。
（5）　長谷川 (2002) によれば,実際に企業から提出されたMD&Aの内容について,不適切なものには釈明と訂正を求めていると考えられる。
（6）　このほかに, Basi, Carey and Twark (1976) そしてAlbrecht, Johnson, Lookabill and Watson (1977) の実証研究などがある。実証結果が同じことから,ここではRuland (1978) の実証研究を紹介する。
（7）　予測の正確性を測定する指標として,平均2乗誤差と平均絶対パーセンテージ誤差がある。ここでは,平均絶対パーセンテージ誤差が使用されており,下記のように算出されている。

$$\text{平均絶対パーセンテージ誤差} = \frac{1}{n}\sum_{i=1}^{n}\left|\frac{A_i - F_i}{A_i}\right|$$

　　　ただし,
　　　　n：サンプル数
　　　　i：企業を表わす添字
　　　　A：利益の実績値
　　　　F：利益の予測値
（8）　Wilcoxon検定は,ノンパラメトリック検定の1つで,母集団分布の同一性の仮説を検定するものである。

(9) Penman (1980) は，たとえ強制開示されていなくても，経営者の業績予想を公表している企業と経営者予想を公表していない企業とを比較することで経営者の業績予想を公表していない企業も何がしかのシグナルを証券市場に送っていると解する見解を述べている。ここでは情報財の市場の失敗を想定していることからそのような見解はとっていない。

(10) Foster (1973) が使用したモデルは以下の10個である。

① $(EPS_t) = EPS_{t-1}$

② $(EPS_t) = EPS_{t-1} + (EPS_{t-1} - EPS_{t-2})$

③ $(EPS_t) = \dfrac{EPS_{t-1} + EPS_{t-2}}{2}$

④ $(EPS_t) = EPS_{t-1} + \dfrac{1}{2} \sum_{i=1}^{2} (EPS_{t-i} - EPS_{t-i-1})$

⑤ $(EPS_t) = EPS_{t-1} - \dfrac{1}{2} \sum_{i=1}^{2} (EPS_{t-i} - EPS_{t-i-1})$

⑥ $(EPS_t) = \dfrac{4}{3} Q_t$

⑦ $(EPS_t) = Q_t + (EPS_{t-1} - Q_{t-1})$

⑧ $(EPS_t) = EPS_{t-1} + \dfrac{4}{3}(Q_t - Q_{t-1})$

⑨ $(EPS_t) = EPS_{t-1} + \dfrac{Q_t}{Q_{t-1}}$

⑩ $(EPS_t) = \dfrac{EPS_{t-1} + EPS_{t-2}}{Q_{t-1} - Q_{t-2}}$

ただし，

EPS_t：t 期の EPS の予測

Q_t　：t 期の第2四半期の EPS

なお，AとBの違いは，Aは最初の差異を考慮していない利益予測モデルを示しており，Bは最初の差異を考慮している利益予測モデルを示している。

(11) コントロール期間は，2,026社で3,279自発的ディスクロージャーであり，検定期間は，2,336社で5,073の自発的ディスクロージャーである。

(12) レギュレーションFDの対象となる情報によっては，証券アナリストなどのオピニオン・リーダーの指導を受けないと一般投資者には理解しにくい内容のものもある可能性がある。しかし，そのような情報がボラティリティを高める可能性はあるが，ここでとりあげている経営者利益予測情報は，一般投資者にも理解しやすい情報として考えられることから，そのような心配は不要と考えられる。

(13) 経営者予想の情報を公表するかどうかは，レギュレーションFDの重要性が曖昧で

(14) 重要な情報には，経営者予想だけでなく他の多くの情報が考えられる。ここでは，経営者予想にのみ言及し，他の情報については触れないことにする。
(15) レギュレーションFD違反として，セキュア・コンピューティング事件，シーベル・システムズ事件そしてレイセオン事件がある。
(16) 重要な情報の中には，企業の存亡に関わる内部情報のような内容のものが含まれることから，必ずしもこれから論じる内容が当てはまるとはいえない。しかしながら，本書で問題としている経営者予測利益情報に照らしてみた場合，それが企業の存亡に関わる情報とは考えられないことから十分に妥当すると考えられる。というのはとりわけアメリカにおいては，企業は，経営者予測情報に関して，セーフ・ハーバー・ルールなどによって守られているからである。
(17) 経営者においても，経営者利益予測情報を公表するベネフィットはそれほど大きくないとしても，セーフ・ハーバー・ルールなどによってコストはかなり軽減されてると考えられる。
(18) 自発的でも会計情報が開示される，あるいはすでに開示されていると論ずる会計学者もいると思われるが，その場合の会計情報は会計情報でも，比較的レリバントの少ない会計情報であると考えることができる。例えば，Brown et al. (2004) によると，レギュレーションFD施行後，アメリカでは経営者予想情報が以前より多く公表されるようになったが，グッドニュースの方が比較的より多く公表されており，企業にとって不利なバッドニュースはより少なく公表されている。また，古市 (2002) によると，バッドニュースは本来的に投資者にとって信頼性の高い情報と考えられているのに対し，グッドニュースは，信頼性において疑問視される傾向が強い。このことは，Huttton et al. (2001) の実証研究で，グッドニュースの場合は，信頼性を補強する補足情報がある場合にのみ，株価とアナリストの予測に影響する一方，バッドニュースの場合，補足情報なしで株価やアナリストに影響することからも伺える。
(19) 後藤 (1997) は，投資者のみが使用している情報部分について，予測値を形成する際に経営者が意図的に含めないのか，あるいは投資者のもつ情報システムが経営者の利用する情報システムとは異なっているのか，区別できないとしている。
(20) 後藤 (1997) は，株価データとして，東京証券取引所第一部市場で1977年1月4日から1992年12月30日までの期間のものを使用している。
(21) 後藤 (1997) はこのほか，予測誤差が公表前の累積残差と有意な関係を有していることを実証し，そのことから，投資者が，経営者が予測を作成する際に利用する情報

を超えた情報を有していることを示唆している。

(22) 後藤（1997）では半期のデータでBox and Jenkins（1976）の時系列モデルを導入した予測をおこなっている。その実証結果は，正確性の点でナイーブモデルとあまり変わらない。しかしながら，ここでは，半期データでなく四半期データを使用すること，またBox and Jenkins（1976）の時系列モデルの応用として適応期待モデルを使用した場合を想定している点で，その正確性はもとより，経営者の恣意性の介入をある程度排除できると考えている。

第5章 純利益とその構成要素の有用性

第1節　貸借対照表勘定と抽象のハシゴ

　これまで，会計利益情報が有用であるためには，セミ・ストロング・フォームで効率的な市場のもとでは，事前に他の情報源によって予測されていない，内部情報を加味していることが，一つの要件として考えられ，その一つの例として経営者利益予測情報の有用性を指摘し，その強制開示を示唆してきた。しかしながら，その場合の，経営者利益予測情報でいう「利益」とは，どの利益を意味するのであろうか。

　会計利益には，売上総利益，営業利益，経常利益，純利益，そして包括利益などがある。これらの利益の中で，投資者にとりわけ有用と考えられる利益とはどれであろう。

　投資者にとって一番有用な利益がわかれば，その利益の予測情報が，有用な会計情報と考えることができる。

　そこでここではとりあえず，純利益とその利益を算出する過程で登場してくる利益の構成要素の有用性について見ていくことにしよう。

　純利益は簿記上，損益計算書と貸借対照表それぞれから算出される最終的なゴールである。この会計利益は，会計事象の多くの具体的な情報が失われた（具体的な属性の喪失）結果算出されるものである。したがって，損益計算書にせよ貸借対照表にせよ，純利益を算出する過程の中で登場してくる，売上高，売上原価，一般管理費，減価償却費，支払利息，法人税や現金，建物，土

地などには，純利益にはない有意な増分情報内容（具体的な属性に対応する）を有するのではないだろうか。

しかしながらそれとは反対に，損益計算書にせよ貸借対照表にせよ最終的に算出された純利益は，単なるその構成要素の集計ではなくその構成要素の相乗効果から，それぞれの，構成要素にはない有意な増分情報内容を有すると考えることもできる。それは有機論的解釈から予想できることである。ここでは，これらの解釈について考察する。

純利益とは，日本における現行の財務諸表（主に貸借対照表や損益計算書など）で最終的に計算される数字であり，他の会計情報の内容と関連するその一つの主要な指標として位置づけられている。例えば，純利益が計算されるまでの過程の中で登場してくる会計情報として以下のようなものがあげられるであろう。それは，損益計算書ならば売上高，売上原価，販売費および一般管理費，減価償却費，支払利息などであり，貸借対照表ならば売掛金，土地，建物，借入金，資本金などである。

純利益の情報内容について考察しているものは少なくないが，その純利益の計算過程で登場してくる純利益の構成要素の有用性の存否について論じたものは少ない。そこで本節では，純利益の構成要素の，純利益には無い具体的な特性（増分情報内容に対応する）について，事象理論に依拠しながら説明していくことにしよう。

事象理論とは1969年にSorterによって提唱され，今日に至っている。この事象理論は，本質的には「生のデータ」を重要視する会計理論である。ゆえにともすれば，会計記録や決算報告書を中心とする既存の会計理論を否定することになる可能性がある。そのような中，Sorter (1969) の会計事象理論を既存の財務諸表を中心とする会計理論の中で考察する研究者の一人として船本 (1989) が現れた。

先ず，貸借対照表勘定の純利益の構成要素を想定してみよう。周知のとおり，貸借対照表にせよ損益計算書にせよ最終的に計算するのは純利益である。したがって，はじめは10,000の紙幣という具体的な事象であったものが純利

第1節　貸借対照表勘定と抽象のハシゴ　　109

益を算出する集約過程の中で情報ロス（具体的な特性の喪失）が生じ，最終的に純利益が算出されるまでに多くの情報ロス（具体的な特性の喪失）がなされると考えられるのである。

そこで以下ではHayakawa (1978) に基づいて具体的に例証してみよう。そこで「10,000円紙幣」を例にその抽象のハシゴを説明していくことにしよう。

先ず1の原始的過程レベルであるが，過程の「10,000円紙幣」は，究極的には原始や電子などからなり，その諸特性は無限で常に変化している。このレベルは肉眼では見ることができない。次に，2の過程の知覚の対象たる「10,000円紙幣」であるが，これは経験の対象であって，人々の神経系が1の過程の「10,000円紙幣」を形成する対象物全体から抽象したものである。それは，われわれの肉眼で観察した結果であって，最初の最低のレベルの抽象である。したがって，このレベルでは1の過程の「10,000円紙幣」の諸特性の多くのも

図10　抽象のハシゴ（貸借対照表）

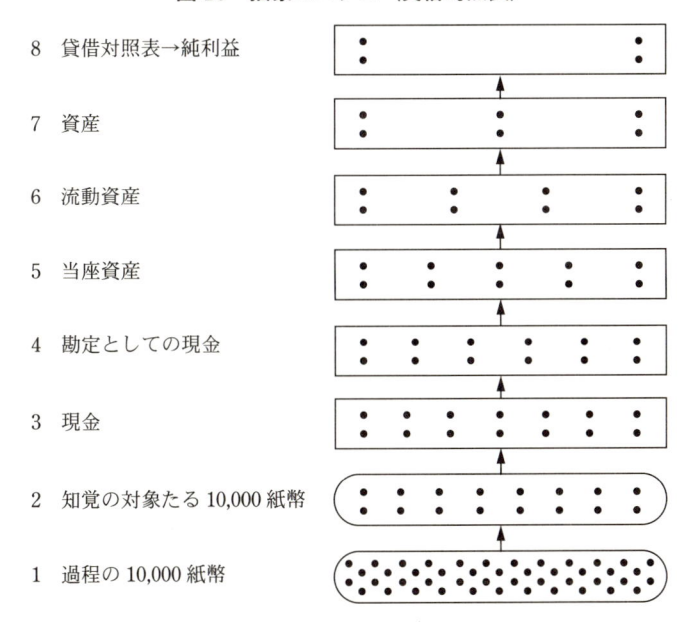

8　貸借対照表→純利益
7　資産
6　流動資産
5　当座資産
4　勘定としての現金
3　現金
2　知覚の対象たる 10,000 紙幣
1　過程の 10,000 紙幣

のが捨象されている。次に3の言語レベルの「現金」という語は，われわれが2の過程の知覚の対象たる「10,000円紙幣」に対して与えた名称であって対象物そのものではない。ここでも多くの諸特性が捨象されており，10,000円紙幣，5,000円紙幣，1,000円紙幣さらに500円，100円，50円などの硬貨との差異が無視されている。ただ共通する特性のみに注目し，「現金」としている。また，次の4のレベル，「勘定としての現金」では，10,000円紙幣の現金項目が，他人振出小切手，送金小切手，郵便為替証書，および公債社債の満期利札などの通貨代表証券と共通にもつ特性を抽象したものである。次の5のレベルの「当座資産」という語は，10,000円紙幣などの現金勘定に属する項目が，受取手形，売掛金，そして売買目的の有価証券などと共通に有している特性を抽象したものである。ゆえに10,000円紙幣の諸特性のうち多くのものが捨象されている。かくして，さらに6のレベルの「流動資産」という語は，5のレベルの「当座資産」を含み，営業循環過程内にある資産，営業循環過程になくとも決算日の翌日から起算して1年以内に現金化する資産をも指示するもので，商品，製品，原材料，仕掛品，そして短期貸付金などと共通する特性のもとに同じグループとみなされ，さらに諸特性が失われることになる。次の7の「資産」という語は，流動資産，固定資産，および繰延資産などのグループを指示するものでさらに抽象度が高くなる。

最後の8の「貸借対照表勘定」という語で資本が抽象化され，その増加分として「純利益」が抽象のハシゴの最上階にくるのであるが，ここに至っては，抽象のために多くの情報が捨象され抽象化の極みと言っても過言で無いであろう[1]。この「純利益」であるが，これは損益計算書でも抽象化されて導き出されてくるはずである。そこで次節では，損益計算書で抽象のハシゴから「純利益」を導き出してみよう。

第2節　損益計算書勘定と抽象のハシゴ

さて前節では，「10,000円の紙幣」からスタートして，抽象のハシゴをたど

り純利益まで導き出すことができた。船本(1997)によると，この集約過程または抽象過程は損益計算書でもおこなうことができる。そこで次に，損益計算書での抽象過程から純利益を導き出すことにしよう。

　取引のスタートとして，「Tシャツを販売し10,000円の紙幣を受け取った行動」という取引例を想定しよう。

　先ず1の原始的過程レベルであるが，過程「Tシャツを販売し10,000円の紙幣を受け取った行動」は，究極的には原始や電子などからなり，その諸特性は無限で常に変化している。このレベルは肉眼では見ることができない。次に，2の過程の知覚の対象たる「Tシャツを販売し10,000円の紙幣を受け取った行動」であるが，これは経験の対象であって，人々の神経系が1の過程の「Tシャツを販売し10,000円の紙幣を受け取った行動」を形成する対象物全体から抽象したものである。それは，われわれの肉眼で観察した結果であって，

図11　抽象のハシゴ（損益計算書）

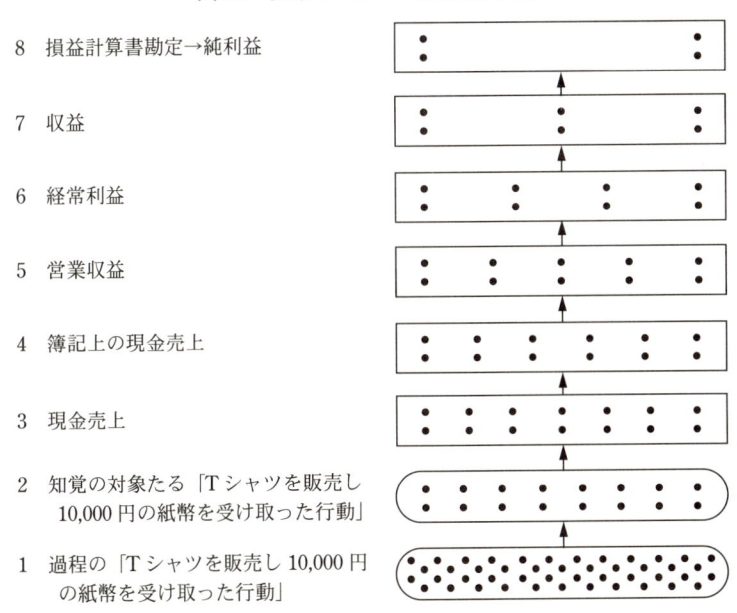

8　損益計算書勘定→純利益
7　収益
6　経常利益
5　営業収益
4　簿記上の現金売上
3　現金売上
2　知覚の対象たる「Tシャツを販売し10,000円の紙幣を受け取った行動」
1　過程の「Tシャツを販売し10,000円の紙幣を受け取った行動」

最初の最低のレベルの抽象である。したがって，このレベルでは1の過程の「Tシャツを販売し10,000円の紙幣を受け取った行動」の諸特性の多くのものが捨象されている。

次に3の言語レベルの「現金売上」という語は，われわれが2の知覚の対象たる「Tシャツを販売し10,000円の紙幣を受け取った行動」というのに対して与えた名称であって行動そのものではない。ここでも多くの諸特性が捨象されており，Yシャツ，ネクタイ，背広，セーターなどの商品販売との差異が無視されている。ただ共通する現金による販売の特性のみに注目し，「現金売上」としている。また，次の4のレベル，「簿記上の現金売上」では，10,000円紙幣の現金項目が，他人振出小切手，送金小切手，郵便為替証書，および公債社債の満期利札などの通貨代表証券を受け取った場合も，「簿記上の現金売上」となるので，その共通にもつ特性を抽象化したものである。次の5のレベルの「売上」は，商品を販売して，現金で受け取るだけでなく，掛取引や手形の受取りなどによる販売も含まれており，販売という共通の特性で括られており現金売上の諸特性が捨象されることになる。

また6のレベルの「営業収益」は，一般売上高に加えて割賦売上高や積送品売上高など特殊販売形態も本来の営業活動から生ずる収益という共通の特性で括られており，一般売上高固有の特性が捨象されている。そして7の「経常収益」は，日常性または反復性を伴ったもので，営業収益と営業外収益の両者を含んでいる。ここでは日常性という共通の特性を元に一つのグループに括られているのである。当然のことであるが，営業収益独自の特性は失われることになる。そして最後の8のレベルでは「損益計算書勘定」という語で「収益」から費用を差し引き抽象化されそれを元に「純利益」が抽象のハシゴの最上階にくるのである[2]。

第3節　純利益の構成要素の増分情報内容

　純利益を算出するまでの過程に登場してくる会計項目の，純利益にはない有

第3節 純利益の構成要素の増分情報内容　*113*

意な情報内容（増分情報内容）を実証した研究としては，Lipe (1986) とKerstein and Kim (1995) などがあげられる[3]。もちろん彼らの実証研究とは異なって，純利益を算出するまでの過程に登場してくる会計項目に，純利益にはない有意な増分情報内容がないことを実証したものもある。しかし往々にしていえることは，それらの実証研究には，方法において大きな問題点があるということである。例えば，企業規模を統制していない場合や，収益の期待の代理として最善とされている証券アナリストの期待を使用しないなどである。

かくて，方法上あまり問題のない Lipe (1986)，そして Kerstein and Kim (1995) の実証研究について以下で見ていくことにしよう。彼らは，損益計算書においてと貸借対照表においてのそれぞれで純利益の構成要素の純利益にはない増分情報内容の存否について実証をしている。

先ず Lipe (1986) であるが，彼は，大きくは二つのことを実証している。その一つは，純利益の構成要素である六つの要素が純利益数字に含まれていない増分情報内容を有するかどうかであり，またもう一つは，その増分情報内容がその要素の時系列特性と関連するかどうかである。ここでは増分情報内容に関連があるので，前者の点についての実証研究のみ取り上げよう。

この場合に，純利益の構成要素として，売上総利益，一般管理費，減価償却費，法人税，支払利息，そして他の項目の六つの要素を想定している。

そこで彼は，以下の規準に照らし合わせて，サンプルを81社抽出している。
1. サンプル期間が1947年から1980年までである。
2. CRSPデータベース上に完全な月別投資収益データを有すること。
3. Compustatデータベース上に完全な年次要素データを有すること。
4. 12月31日が会計年度末である。

抽出された81社から，投資収益，純利益そして純利益の諸要素をデータとして使用している。このうち純利益の諸要素は，主に次の項目から計算される。純売上高（#12），売上原価（#41），減価償却前の営業利益（#13），減

価償却費(#14),支払利息(#15),法人税(#16),1株当たり経常利益(#58),累積調整要因(#27)そして,共通に入手できるもの(#20)である。それでは六つの純利益の諸要素をみてみよう。

下記のように六つの構成要素は計算される。

（1） 売上総利益（GP）＝(#12)－(#41)
（2） 一般管理費（GA）＝(#13)－(GP)
（3） 減価償却費（DEPR）＝－(#14)
（4） 支払利息（INT）＝－(#15)
（5） 法人税（TAX）＝－(#16)
（6） その他（OTH）＝(#58)－(GP)－(GA)－(DEPR)－(INT)－(TAX)

これらの純利益の諸要素は,それぞれ純利益には無い有意な増分情報内容を有しているのであろうか。Lipe（1986）は,それを確かめるため,まず,はじめに下記のような年 t における企業 i の年次投資収益を算出する,

$$Ret_{it} = C_i + BETA_i \times Ret_{mt} + uret_{it} \tag{14}$$

ただし,

Ret_{it}：年 t の企業 i の年次投資収益
Ret_{mt}：年 t の価値加重ニューヨーク証券（NYSE）市場投資収益
$uret_{it}$：年 t の企業 i の投資収益残差

この $uret_{it}$ を説明するのに,純利益では説明できない有意な部分を純利益の諸要素がそれぞれ説明できるならば,純利益の構成要素に,純利益には無い有意な増分情報内容があることが実証されることになる。そこで Lipe（1986）は,それを確かめるため,下記のような投資収益残差の (15)式と各純利益要素ショックの (16)式を導く。

$$uret_{it} = b_i \frac{1}{rp_{it}} + \sum_{j=1}^{6} a_{ji} \frac{uc_{jit}}{rp_{it}} + v_{it} \tag{15}$$

$$dc_{jit} = \sum_{k=1}^{6} Z_{jki} dc_{ki,t-1} + uc_{jit}$$
$$j = 1, 2, 3 \cdots, 6 \text{ には} \tag{16}$$

ただし,

第3節 純利益の構成要素の増分情報内容

$uret_{it}$ ：年 t 期間の企業 i の予想されざる投資収益

dcj_{it} ：j=1 である年 t の企業 i の要素 j の差分実際値は，売上総利益，一般管理費等を言及する。各差分要素は平均調整される。d は差分オペレータである。

uc_{jit} ：年 t の企業 i の要素 j のショック

a_{ji} ：投資収益を把握する企業 i の係数は，要素 j のショックに反応する。これらの要素は A 係数と呼ばれる。

z_{jki} ：企業 i の要素 j の現在値への要素 k のラグされた値の効果を把握する時系列係数

v_{it} ：年 t の企業 i の予想されざる投資収益の説明されざる部分

b_i ：企業 i の切片係数

rp_{it} ：期間 t の始めの企業 i の実際の株価

Lipe (1986) によると，純利益の各要素が純利益の有さない有意な増分情報内容を有するならば，下記の帰無仮説は棄却されなければならない。

帰無仮説：純利益の諸要素は追加情報を提供しない。
　　　　（A 係数は各企業の純利益の諸要素間で等しい）

この検定は，81 社の各々の F 統計（5 から 181 の自由度）でおこなわれる。観察された F 統計量の 64 パーセントが，F (5,181) 分布の 80 パーセント信頼区間の外側であり，そして 54 パーセントが，90 パーセント信頼区間の外側である。これらのことから，A 係数が等しいという帰無仮説は，0.1 パーセント未満の水準で棄却されることになる。かくして，純利益の諸要素は純利益の有さない有意な増分情報内容を有していることになる。

純利益の各要素は，Lipe (1986) の実証研究からわかるように偶然に期待されるよりもより多くの有意な A 係数を有するので，六つの要素は各々増分情報内容を有していると考えられる。中でも売上総利益と一般管理費はより多くの有意な A 係数を有しており，A 係数が両側 t 検定で 10% と 20% 水準で有意にプラスそしてマイナスであるかを示していた。二項検定は，もし確率（t<−1.653 または t>1.653）が 10% ならば，これらの範囲 81 から 15 までの t

統計量を観察することは，1％水準で有意であることを示す。もし，一つの要素が90％信頼区間の外側で15以上のt統計量を有するならば，偶然に期待されるよりも多くの有意なA係数がないという帰無仮説はその要素の1％水準で棄却される。80％信頼区間では，81の有意なA係数から26を観察することは，1％水準で有意である。大きな増分情報を有しているといえるであろう。また，減価償却費とその他の項目は，より少ない有意なA係数を有しているが，偶然に期待されるものと較べるならば，それでもなお有意に多い。この二つの要素が少ないのは，減価償却費の場合，それが資産の取得原価の相殺に過ぎない点そしてその他の項目が純利益とその他の五つの純利益要素との差額に過ぎない点を考慮すれば納得のいくところである。

いずれにせよ，その大きさは様々であるが，純利益の諸要素はその集計である純利益には無い有意な増分情報をそれぞれ有していることになる。これは，前節で考察した船本（1997）の考えと一致する実証結果といえるであろう。そこで次に，貸借対照表の勘定科目である固定資産の購入（資本的支出）が純利益を超える有意な増分情報内容を有するかどうかをKerstein and Kim（1995）の実証研究から見ていくことにしよう。

Kerstein and Kim（1995）は，資本的支出（固定資産の購入）が純利益を超える有意な増分情報内容を有するかどうか証券市場を通して実証した。彼らは企業規模に代表とされる企業の事前開示情報内容を統制して，資本的支出の純利益を超える有意な増分情報内容の存否を実証している。

Kerstein and Kim（1995）は，資本的支出の増分情報内容の存否の実証をおこなうにあたり，以下の四つの仮説をたてている。

　　　　仮説1：予想を上回る資本的支出の係数は，投資収益率の式でプラスに有意である。
　　　　仮説2：予想を上回る資本的支出の係数とリスク係数との相互作用の係数はマイナスである。
　　　　仮説3：予想を上回る資本的支出の係数と成長係数との相互作用の係数はプラスである。

第3節 純利益の構成要素の増分情報内容　*117*

　　仮説4：予想を上回る資本的支出の係数と予想される利益の係数との相互作用の係数はプラスである。

そこで彼らは，データを入手するにあたって，設備資産の投資により多くの比重を占めている業種，いわゆる製造業に焦点を合わせている[4]。

以下の規準から，Kerstein and Kim (1995) はサンプルを抽出している。

規準1：1971年から1990年までの間のCRSPデータが入手できること。
規準2：1976年から1989年までの間の会計情報がCompustatで入手できること。
規準3：12月31日会計年度末であること。
規準4：累積市場調整収益（Cumulative market adjusted returns，以下CARとする）の絶対値が10未満で，推定されたベータ値の絶対値が5未満であること。
規準5：回帰診断検定，主にCookのD統計はどのアウトライアーも除去すること。

Kerstein and Kim (1995) は，上記の規準を満たす企業サンプルの中から会計情報として資本的支出の情報と純利益の情報を抽出している。そしてそれぞれのデータからその予想されざる部分を導き出している。この場合，予想されざる部分とは，年tの実現値マイナス年t−1の実現値で示される。

そこで彼らは，前述の四つの仮説を実証するために，リスクの係数，成長の係数，そして予想される利益の係数として以下のものを代用している。先ずリスクであるが，市場モデルによって推定された企業のベータがその代用として使用している。また，成長の代理としては，持分比率（企業の市場価値/企業の簿価）を使用しており，そして予想される利益の代理としては，前の年のEPSが，もし前の年の中央点のサンプル観察のものよりもより大きければ，それを使用している。

1976年から1989年にわたって研究された153社の製造企業の産業分布からデータを抽出して，Kerstein and Kim (1995) は，以下のような四つのモデルを提唱する。

モデル1：$CAR_i = f(UEPS_i, UCAP_i)$

モデル2：$CAR_i = f(UEPS_i, UCAP_i, UEPS*GTH_i, UEPS*RSK_i)$
モデル3：$CAR_i = f(UEPS_i, UCAP_i, UCAP*GTH_i, UCAP*RSK_i, UCAP*EEPS_i)$
モデル4：$CAR_i = f(UEPS_i, UCAP_i, UEPS*GTH_i, UEPS*RSK_i, UCAP*GTH_i, UCAP*RSK_i, UCAP*EEPS_i)$

ただし,
- CAR：各年の4月1日から12ヶ月にわたって計算される累積市場調整収益。また企業の規模による開始時点で15ヶ月間にわたって収益を累積している。
- $UEPS$：その年の始めの一株当たり市場価額によって測定される一株当たり予測されざる利益。利益の予測値はランダム・ウォークモデルに基づく。
- $UCAP$：その年の始めの一株当たり市場価額によって測定される一株当たり予測されざる資本的支出。資本的支出の予測値はランダム・ウォークモデルに基づく。
- $UEPS*GTH$：成長係数と予測を上回る利益係数との相互作用
- $UEPS*RSK$：リスク係数と予測を上回る利益係数との相互作用
- $UCAP*GTH$：成長係数と予測を上回る資本的支出係数との相互作用
- $UCAP*RSK$：リスク係数と予測を上回る資本的支出係数との相互作用
- $UCAP*EEPS$：予測されるEPS係数と予測を上回る資本的支出係数との相互作用

　モデル1は，投資収益率の累積値を説明するものとして，予測を上回る利益係数と予測を上回る資本的支出係数がそれぞれ有意であるかどうかを検証する。モデル2は，さらに予測を上回る利益係数と成長係数との相互作用，そして予測を上回る利益係数とリスク係数との相互作用について検証する。またモデル3では，モデル2とは異なり，予測を上回る資本的支出係数と成長係数との相互作用，予測を上回る資本的支出係数とリスク係数との相互作用そして予測を上回る資本的支出係数と予測される利益係数との相互作用について検証する。モデル4は，モデル2とモデル3の内容をすべて網羅している。

　これらのモデルの中で特にモデル1が，資本的支出が将来キャッシュ・フローを予測するにあたって純利益の会計情報を超える増分情報内容を市場に提供しているかどうかを実証していることになる。

　彼らの実証研究は，企業規模に関連する事前開示情報を統制している場合とそうでない場合とで分けて，資本的支出が，有意な増分情報内容を市場に提供

表10 予測を上回る資本的支出の増分情報内容の存否の実証結果

モデル1：$CAR_i = a_0 + a_1 UEPS_i + a_2 UCAP_i + \in_i$，企業 $i = 1, 2, 3, \cdots, 153$
モデル2：$CAR_i = a_0 + a_1 UEPS_i + a_2 UCAP_i + a_3 UEPS^*GTH_i + a_3 UEPS^* RSK_i + \in_i$
モデル3：$CAR_i = a_0 + a_1 UEPS_i + a_2 UCAP_i + a_5 UCAP^*GTH_i + a_6 UCAP^*RSK_i + a_7 UCAP^*EEPS_i + \in_i$
モデル4：$CAR_i = a_0 + a_1 UEPS_i + a_2 UCAP_i + a_3 UEPS^*GTH_i + a_4 UEPS^*RSK_i + a_5 UCAP^*GTH_i + a_6 UCAP^*RSK_i + a_7 UCAP^*EEPS_i + \in_i$

係数 期待(符号)	a_0	a_1 (+)	a_2 (+)	a_3 (+)	a_4 (−)	a_5 (+)	a_6 (−)	a_7 (+)	F統計量	調整R^2
パネルA. 企業規模関連の事前開示情報の相違を統制していないケース									
モデル1	−0.09***	0.79***	0.02						22.14	.1290
	−4.67	15.23	0.32							
モデル2	−0.09***	0.80***	0.02	0.72***	−0.20**				21.12	.1378
	−4.82	11.51	0.07	4.55	−1.99					
モデル3	−0.09***	0.78	0.15*			0.17	−0.23*	−0.05	18.65	.1292
	−4.66	15.21	1.34			0.81	−1.69*	−0.31		
モデル4	−0.09***	0.80***	0.14	0.72***	−0.18*	−0.01	−0.19*	−0.01	18.05	.1374
	−4.80	11.34	1.24	4.46	−1.80	−0.83	−1.43	−0.02		
パネルB. 企業規模関連の事前開示情報の相違を統制しているケース									
モデル1	−0.12***	1.01***	0.42***						29.38	.1659
	−5.45	17.35	5.36							
モデル2	−0.12***	1.81***	0.42***	0.78***	−0.17***				27.36	.1731
	−5.59	12.79	5.36	4.37	−1.51					
モデル3	−0.12***	1.01***	0.42***			0.46**	−0.22*	0.34*	25.31	.1697
	−5.36	17.39	3.32**			1.98	−1.47	1.76		
モデル4	−0.13***	1.01***	0.41***	0.73***	−0.15	−0.29	−0.19*	−0.39**	23.82	.1758
	−5.68	12.72	3.25	4.05	−1.34	1.21	−1.27	2.02		

*** 片側検定で少なくとも 0.01 水準で統計的に有意である（切片を除く）。
** 片側検定で少なくとも 0.05 水準で統計的に有意である。
* 片側検定で少なくとも 0.10 水準で統計的に有意である。

(出典：Kerstein a Kin 1995, p. 522, 表4, 一部削除)

しているかどうかを検証している。

表10からわかるように，企業規模による事前開示情報内容を統制していない場合，予想を上回る資本的支出の係数 a_2 は，*CAR* を説明する上で有意な情報内容を有していないことを示唆している。一方，企業規模による事前開示情報内容を統制している場合は，予想を上回る資本的支出の係数 a_2 が，予想されざる利益の係数 a_1 の有する有意な説明力とは別に0.01水準の片側検定で有意な説明力を有している。

このことは，資本的支出が有意な増分情報内容を有することを示唆している。このように，企業規模を統制するかしないかで結果が異なるのであるが，企業規模を統制するほうが適切な実証をおこなっていることは自明であり，Kerstein and Kim（1995）の実証から資本的支出が，将来キャッシュ・フローを予測する上で有意な増分情報内容を有していることが示唆される。

かくて，純利益を算出する過程で貸借対照表に表される資本的支出は，その結果である純利益にはない有意な増分情報を有していることになる。

第4節　原子論的アプローチと有機論的アプローチ

投資者が関心を有する会計情報は，諸般の経済事象から取引を導き出しその取引を集約し最終的に計算される純利益を主な内容としている。しかしながら，最終的に計算される純利益を導き出す過程の中で多くの情報が介在しているのである。例えばそのような情報として，売上高，売上原価，売上総利益，一般管理費，減価償却費，支払利息，現金，売掛金，建物，そして土地などがある。これらの情報から純利益が導き出される過程を"統合"という。

この統合という言葉には，二通りの解釈が成り立つ。一つは，"aggregation"で原子論的アプローチであり，他の一つは"integration"で有機論的アプローチである。船本（1997）は，"aggregation"とは，単に諸部分を一つの全体に寄せ集めることであり，たとえ諸部分が一つの全体に寄せ集められたとしても，諸部分の機能が変化することはなく，全体は諸部分の寄せ集め以上の何も

第4節 原子論的アプローチと有機論的アプローチ

のでもないという。

　事象理論で，損益計算書や貸借対照表で計算される純利益が無用の長物のように扱いかねないのは，各勘定科目がまさに数量と金額を元に"aggregation"していると解釈するからである。それは，純利益はその構成要素によって"aggregation"からいつでも計算できる一方，純利益には無い具体的な属性をその構成要素が有しているので，純利益からは逆にその具体的な属性を知ることができない。Lipe (1986) と Kerstein and Kim (1995) の実証研究は，このことを裏付ける実証結果を示したといえるであろう。それでは，純利益は無用の長物になるのであろうか。それを解く鍵は，もうひとつの統合である"integration"にある。

　"integration"とは，船本 (1997) によると，単に諸部分を一つの全体に寄せ集めることではなく，諸部分を相互調整し調和させることによって，諸部分の寄せ集め以上の性格をもつ一つの全体を作り上げることを意味する[5]。もし，抽象化の極みである純利益がその算出過程で現れたその構成要素には無い有意な増分情報内容を有しているならば，"integration"が証明されたことになり，事象理論とは異なり，純利益の有する意味合いが出てくるといえるであろう。

　しかしながら一般に，純利益の導出の道程は，"aggregation"であって"integration"ではないと考えられている。この"aggregation"であるが，その過程では事象理論でおなじみの抽象のハシゴが考えられ，純利益に至るまでに多くの情報（具体的な属性）が失われると考えられる。したがって事象理論を突き詰めていくと，情報利用者の観点に立てば抽象化は意味をなさないことになる可能性がある。それはまさに，データベースさえあれば，損益計算書も貸借対照表もそしてそれらで算出される純利益も必要ないといえるのである。

　だが，はたしてそうなのであろうか。純利益にはその構成要素にはない独自の増分情報内容が無いのであろうか。それを解く一つのヒントは，純利益が"実体 (principle)"ではなく将来キャッシュ・フローの"代替 (sarogaite)"であることにある。つまり，純利益を算出する過程，いわゆる"代替"の段階では"aggregation"であり，純利益は確かに個々の構成要素の寄せ集めに過ぎない。

しかしながら，その寄せ集めの純利益（将来キャッシュ・フローの代替）の情報内容（実体）には，その構成要素にはないものが含まれており，いわゆる"integration"がなされている可能性があるのである。

先述の Lipe（1986）と Kerstein and Kim（1995）の実証研究はいずれも，純利益の構成要素に純利益が有さない有意な増分情報内容を有していることを実証する一方，純利益が純利益の構成要素が有さない有意な増分情報を有しているかどうかの実証研究がおこなわれていなかった。しかしながら，純利益が，それに対応する情報内容において純利益の構成要素にはない有意な増分情報内容を有している可能性は十分にあるであろう。

このことを明確に表しているのが，のれん（営業権）の算出ではないだろうか[6]。のれんとは形はないがその企業が独自に有している無形固定資産で，将来キャッシュ・フローの増加に影響するものである。純利益がその構成要素の単なる集計である"aggregation"に過ぎないのならば，このようなのれん（営業権）といった無形固定資産は存在し得ないことになる。

一般に会計学では，特殊なケースにおいてのれん（営業権）は純利益から認識することができるとされている。そこで以下では，のれん（営業権）について考察することにしよう。

飯野（1977）は，のれん（営業権）とは企業の物的組織または人的組織に存在する超過収益力の要因である組織価値であると規定している。この場合，のれん（営業権）として具体的には下記のものがある。

（1） 商号または商標が一般に知れわたり，商品・製品の販売が容易であること。
（2） 営業所の立地条件がよいこと。
（3） 経営の人的組織が優れていること，すなわち，取引先を満足させる人格や技術をもつ経営者または従業員がいること。
（4） 工企業の場合，製造についての機密・秘伝をもつこと。
（5） 取引先と特殊の有利な関係をもつこと。
（6） その他，他の企業のもたない特殊な利点を保有していること。

第4節　原子論的アプローチと有機論的アプローチ　*123*

　飯野（1977）によると，このような要因のうち，営業開始当初から存在するものもあるが，多くの場合，相当の期間，営業をおこなったことによって徐々に物的組織および人的組織の長所が発揮されて，のれん（営業権）として作りあげられていくものが多い。しかし，このれん（営業権）は通常の貸借対照表には記載されておらず，営業の譲受けや企業合併などのために，企業を全体として評価する場合に限られて計上される。

　だが，営業の譲受けや企業合併がなされていない場合でも，理論上，純利益にその構成要素にはない有意な増分情報内容（たとえばのれんなど）が含まれている可能性は十分に考えられる。

　そこで飯野（1977）に基づいて，事例でのれん（営業権）を算出することにしよう。

（事例）名古屋商会は，次のような財政状態にある札幌商会を￥5,000,000で買収し，小切手を振出して支払った。

（借）受取手形	900,000	（貸）買　掛　金	900,000
売　掛　金	1,800,000	借　入　金	1,100,000
仕　　　入	2,100,000	当座預金	5,000,000
建　　　物	1,300,000		
営　業　権[7]	900,000		

（出典：飯野，1977，pp.6-14）

　この場合，のれん（営業権）は，名古屋商会が資産総額￥6,100,000，負債総額￥2,000,000の純資産額￥4,100,000の札幌商会を￥5,000,000で買収した際の超過支出￥900,000として算出されている。ここで問題になるのは，なぜ名古屋商会が￥5,000,000で買収したかである。

　飯野（1977）は，のれん（営業権）の代価を計算する方法として大きくは三つの方法を想定している。一つは，収益還元法で，その第1法は下記の式で算出される。

124　第5章　純利益とその構成要素の有用性

$$のれん（営業権）の代価 = \frac{その企業の平均利益額}{収益還元率} - 純資産額 \quad (17)$$

$$のれん（営業権）の代価 = \frac{超過利益額}{収益還元率} \quad (18)$$

のれん（営業権）の代価＝平均利益額または超過利益額×年数　　(19)

のれん（営業権）の代価＝（1株の価格×発行済株式総数）－純資産額　　(20)

　これらの式からわかることは，少なくとも（17）式から（19）式までは純利益（ここでは平均利益額または超過利益額）から，のれん（営業権）の代価を算出しているのである。また興味深いのは，(20) 式のように，株価からも算出することができる。これは，純利益がその構成要素にはない有意な増分情報内容を有していることを証券市場からも暗黙に示唆していると解することができるであろう。

　以上のことから，純利益は単にその構成要素の集計"aggregation"として算出されるものの，その数値の有している情報内容には，その構成要素にはない有意な増分情報内容を有している可能性が高く，いわゆる"integration"すなわち有機論的アプローチの可能性があると解釈することができるであろう[8]。

　有機論的アプローチから見た場合，純利益がその構成要素にはない有意な増分情報内容を有している可能性はある。その一つはのれん（営業権）の認識である。のれん（営業権）は，純利益の構成要素からではなく，純利益を元に計算され認識された無形固定資産である。たとえ現行の会計では営業の譲受けや企業合併の際にのみ計上されるとしても，純利益が潜在的に純利益の構成要素にはないのれん（営業権）に対応する有意な増分情報内容を有している可能性は大きい。

〔注〕

（1）　船本（1997）は，最後の8の段階で「貸借対照表勘定」で抽象のハシゴを終了しているが，突き詰めて考えれば，その先に最終的に「純利益」を想定できる。ここではそのような立場をとっている。

（2）船本（1997）は，損益計算書での抽象のハシゴは具体例で説明していない。ただし貸借対照表と同様に想定できると述べている。そこで本書では，貸借対照表と同様に損益計算書でも抽象のハシゴを試みた。この場合も貸借対照表と同様に最後の8の段階では「損益計算書勘定」で抽象のハシゴを終了しているが，突き詰めて考えれば，その先に最終的に「純利益」を想定できる。ここではそのような立場をとっている。
（3）Siva and Weintrop（1991）は，収益と費用のそれぞれの会計利益にはない有意な増分情報内容を実証している。
（4）設備資産の投資により多くの比重を占めている製造業にサンプルの焦点を合わせていることが，この実証研究の普遍性を弱めている。
（5）Popper（1960）は，構造を物理的構造と社会的構造の2つに分けて，物理的構造は全体が諸部分の総和に等しいと述べている，ここではそれは aggregation を意味している。一方，社会的構造は全体が諸部分の総和以上のもので有機論的であると述べている。それはここでの integration に相応している。
（6）個別財務諸表の営業権と同じように，連結財務諸表における借方連結調整勘定は，連結財務諸表の各勘定科目（会計利益の諸要素）以外の正ののれんとして位置づけることができるであろう。
（7）営業権とは，正ののれんのことである。
（8）かように純利益や株価からのれんの代価を導き出すことができる。ゆえに有機論的アプローチのように解釈することができる。しかしながら純利益の構成要素である，売上高，売上原価，売上総利益，一般管理費，減価償却費や法人税などからも，同様にのれんが算出することができると解釈できるならば，純利益独自の増分情報内容は存在せず，情報内容においても"aggregation"のみ成立するという，いわゆる原子論的アプローチのみの正当化がなされる可能性もある。

第6章 包括利益の有用性

第1節　包括利益と抽象のハシゴ

　純利益はこれまで簿記上，損益計算書と貸借対照表それぞれから算出される最終的なゴールであった。この純利益は，船本（1997）の考えを延長すると抽象化の最終段階であり，多くの具体的な情報が失われた（具体的な属性の喪失）結果算出されるものである[1]。したがって，損益計算書にせよ貸借対照表にせよ，純利益を算出する過程の中で登場してくる，売上高，売上原価，売上総利益，一般管理費，減価償却費，支払利息，法人税や現金，建物，土地などには，純利益にはない有意な増分情報内容を有するのではないだろうか。このことはすでに，Hopwood and McKeown（1985），Lipe（1986），Swaminathan and Weintrop（1991），Kerstein and Kim（1995）の実証研究で見出されている。そしてこの結果は，船本（1997）の考え方の延長から予想できることである。
　ここでは，この最終的ゴールであった純利益に，外貨換算調整と最小年金負債調整，そして有価証券の未実現利得を加えることによって，さらにその先に包括利益を想定したとき，はたして，包括利益が純利益よりも有用であるのかどうか，このことについて理論と実証との整合性を見ていくことにする。
　今日，会計学において大きな変革が起きている。それを端的に述べるならば，従来からの収益・費用アプローチ（revenue and expense view）に対して資産・負債アプローチ（asset and liability view）が台頭してきたのである。
　アメリカにおける包括利益（Comprehensive Income）の有用性を考える場合，それは従来から論議されてきた，いわゆる当期業績主義の利益（Current

Operating Performance Income）と包括主義の利益（All-inclusive Income）の相対的な有用性の比較と混同されがちである。この意味でいえば，現行の純利益は，特別損益を含むことから，包括主義に基づく利益といえる。しかしながら，ここで問題となっている包括利益は，そのような意味ではなく，ここ数年，資本取引でないにもかかわらず，一部の有価証券の未実現評価損益や為替換算調整勘定などが，損益計算書を経由しないで，ダーティ・サープラス項目として直接純資産に算入されていることを鑑み，それらの項目を純資産ではなく純利益に加算して計算されるものである。

　かくて，包括利益の有用性の問題は，収益・費用アプローチと資産・負債アプローチの異なるアプローチの内容をその利益の中に包括した場合に，それがはたして有用な情報なのかどうかにあるといえる。これは，収益・費用アプローチと資産・負債アプローチという異なる会計観を「情報の有用性」という一つの共通の尺度で，同じ財務諸表の土俵で合わせて提供することを意味するのではないだろうか。

　ここで，収益・費用アプローチと資産・負債アプローチとの異なるアプローチで収益，費用，資産，そして負債にどのような違いが生じるのか見てみることにしよう。その場合，井上（良）(1997)が多くの示唆を与えてくれる。

　井上（良）(1997)によると，収益・費用アプローチで枠づけられた収益，費用，資産，そして負債を表し，また資産・負債アプローチで枠づけられた収益，費用，資産，そして負債とでは，重なる部分もあれば，重ならない部分もあると考えられる。ここで，重なる部分に該当するものは，資産・負債アプローチでも収益・費用アプローチでもいずれでも認識される収益，費用，資産，そして負債で，売上高，売上原価，建物，借入金などの項目である。また収益・費用アプローチ独自の部分は，収益・費用アプローチでは収益，費用，資産，そして負債として認識するが，資産・負債アプローチでは認識しない項目であり，例えば繰延費用，繰延収益，そして引当金などのいわゆる計算犠牲的項目である。そして，資産・負債アプローチ独自の部分は，資産・負債アプローチでは収益，費用，資産，そして負債として認識するが，収益・費用アプ

ローチでは認識しない項目であり,外貨項目,最小年金負債調整,そして特定の負債証券および持分証券への投資に係る未実現損益などである。

アメリカにおいて,FASB (1997) は,SFAS 130 号『包括利益の報告 (Reporting Comprehensive Income)』を公表している。この SFAS 130 号によると,図 12 に表されているように包括利益は現行の純利益とその他の包括利益から構成されており,このその他の包括利益に該当するのが,資産・負債アプローチ独自の部分に該当するもので,有価証券の未実現評価損益,為替換算調整勘定,そして追加最小年金負債の過去勤務費用超過額などである。この図 12 からわかるように,純利益は,これまでの収益・費用アプローチによって構成されており,包括利益は,それに資産・負債アプローチ独自に含められる項目(その他の包括利益)が加えられている。ゆえに包括利益は本来,井上(良)(1997) によって明らかにされた両アプローチの収益,費用,資産そして負債すべてを網羅して計算されることになる。

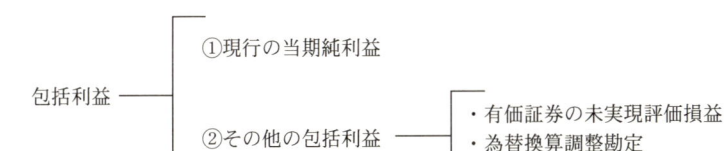

図 12 包括利益の諸要素

包括利益 ─┬─ ①現行の当期純利益
          └─ ②その他の包括利益 ─┬─ ・有価証券の未実現評価損益
                                  ├─ ・為替換算調整勘定
                                  └─ ・追加最小年金負債の
                                       過去勤務費用超過額など

SFAS 130 号は,このような包括利益について,それが,投資者が企業の活動やその結果生じる企業の将来キャッシュ・フローを予測する上で有用であることを期待している (FASB, 1997, pars. 11, 12)。そこで包括利益の有用性を考えると,先ず,純利益が有用であることを前提にするならば,それが有用であるためには,先ず純利益に比して相対的に有用であることが,または,純利益よりも有意な増分情報内容を有していることが実証されることが必要であるといえる[(2)]。それにはまた,当然,その他の包括利益として例示された,有価証券

の未実現評価損益,為替換算調整勘定,そして追加最小年金負債の過去勤務費用超過額などが有用であることが前提である。

またさらに,包括利益とその構成要素でより詳しく考えるならば,その他の包括利益がこれまでダーティ・サープラス項目として直接資本に算入されてきていることから,構成要素として資本上に開示されていたことに注目しなければならない。というのも,セミ・ストロング・フォームの効率的市場を前提とするならば,包括利益が有用であるためには,純利益とダーティ・サープラス項目が財務諸表に掲載されていたときに有していた情報内容よりも包括利益が,有意な増分情報内容をまたは,相対的に優位な情報内容を有していなければならないからである。

第2節 包括利益とその構成要素の関係

会計利益は,貸借対照表にせよ,損益計算書にせよ,多くの諸勘定を集計し統合し最終的に算出される。それを抽象化の過程とよぶこともできる。前章では,現行の純利益を想定し,その構成要素の増分情報内容について事象理論からアプローチし考察した[3]。

SFAS 130号の包括利益を考えるとき,それは,この現行の純利益とその構成要素の延長上に位置づけることができる。表11は,包括利益の計算書の一つのフォーマットである。このフォーマットは,純利益と包括利益との関係を明確に示している。純利益にその他の包括利益を加減して,包括利益が計算されている。

つまり,これまで最終段階で算出された純利益を,一つの構成要素に,その他の包括利益である,有価証券の未実現評価損益,為替換算調整勘定,そして追加最小年金負債の過去勤務費用超過額などを集約したものとして包括利益を捉えることができるのである。ゆえに表11は,包括利益を損益計算書に導入したものを表している。

そこで,Hayakawa (1978) の抽象のハシゴをもとに,一つの会計事象から包

第2節 包括利益とその構成要素の関係

表11 包括利益と損益計算書

売上高		1000
売上原価		600
受取利息		20
経常利益		420
固定資産売却損		10
税引前当期純利益		410
法人税・住民税及び事業税		150
法人税等調整額		△20
当期純利益		280
その他の包括利益		
有価証券の未実現利得	20	
減算：当期純利益に含められる		
再分類調整	△4	16
包括利益		296

　括利益までの抽象化の過程を導き出すならば，先述の損益計算書の純利益のさらにその先として，実現・未実現に関わらず，利益という共通の特性をもとに純利益なのか，その他の包括利益なのか，その差異を無視し，純利益の独自の特性を捨象して，その上のレベルとして「包括利益」を抽象のハシゴの最上階に位置づけることができるであろう。

　この抽象のハシゴから考察するに，抽象化のレベルが上がるにつれて具体的な特性は集約され，失われていくのであるから，抽象化が上のレベルよりも下のレベルの方が多くの具体的な特性を有していることを表している。それは，事象理論と一致するものであり，次節で考察する増分情報内容を理論的に裏付けるものである。

　ここでとりあげている包括利益の場合，抽象のハシゴからみると，それは，「純利益」よりも上のレベルにある。したがって「包括利益」よりもその下のレベルにある「純利益」の方が，事象理論から解釈すると，「包括利益」よりもより具体的な特性を多く有していると考えることができる。

　またそれとは反対に，包括利益が有用であるためには，ダーティ・サープラス項目として直接純資産に算入されてきたときよりもその他の包括利益を損益

計算書に記載することが有用であることを意味する。ゆえにその構成要素である「純利益」と「その他の包括利益」にはない特性を包括利益が有するならば包括利益を公表することに有用性があるといえるが,もし,それがないならば,それを公開開示する必要性はないであろう。これらの点については,包括利益の情報内容についての実証研究に委ねざるをえない[4]。

第3節　包括利益の有用性の存否

包括利益が有用であるか,それとも有用でないかの問題について,証券市場での情報内容の実証研究が一つの答えを提供してくれる。包括利益が企業業績の尺度として有用であるかどうかの実証研究として,Dhaliwal et al.（1999）,Cheng et al.（1993）の研究,そして O'Hanlon and Pope（1999）などがある。

ここでは,Dhaliwal et al.（1999）を中心に,その実証研究を紹介しよう。彼らが投資収益モデルを推定するのに使用されたサンプルは,投資収益,純利益,$COMP_{broad}$（調整剰余利益＋普通株式配当）そして $COMP_{130}$（SFAS 130 包括利益）を計算するのに必要とされる COMPUSTAT データ及び CRSP データを有する全1994年及び1995年のもので構成されている。最終的に彼らのサンプルは,有価証券の未実現利得（MKT-ADJ）を計算するのに必要とされるデータが入手できる期間を考慮して,11,425社となる。

彼らは,包括利益が純利益よりもより良い企業業績の測定であるかどうかを検証するため,下記のモデルを使用する。

$$R_t = \alpha_0 + \beta_1 * NI_t + \varepsilon_t \tag{21}$$

$$R_t = \alpha_0 + \beta_1 * COMPbroad,_t + \varepsilon_t \tag{22}$$

$$R_t = \alpha_0 + \beta_1 * COMP130,_t + \varepsilon_t \tag{23}$$

ただし,

R　　　：会計年度間の合成日別パーセンテージ投資収益

NI　　：純利益（#172（COMPUSTAT 項目数）

$COMP_{broad}$ ：包括剰余利益プラス普通株式配当（Δ〔#36〕+#21）
$COMP_{130}$ ：SFAS130の利益の諸要素が調整された純利益（#172+Δ#238+Δ#230+0.65×Δ〔もしゼロよりより小さいならば，#297-#298〕）

また，SFAS 130号の包括利益の諸要素として，純利益のほかにその他の包括利益として有価証券の未実現利得（MKT-ADJ），外貨換算調整（FC-ADJ），そして最小年金負債調整（PENS-ADJ）があることから，その他の包括利益の諸要素がそれぞれ，投資収益と有意に関連するかどうかを検証するために彼らは下記のモデルを推定する。

$$R_t = \alpha_0 + \beta_1 * COMPMKT\text{-}ADJ,_t + \varepsilon_t \tag{24}$$

$$R_t = \alpha_0 + \beta_1 * COMPFC\text{-}ADJ,_t + \varepsilon_t \tag{25}$$

$$R_t = \alpha_0 + \beta_1 * COMPPENS\text{-}ADJ,_t + \varepsilon_t \tag{26}$$

表12は，純利益と投資収益そして包括利益と投資収益とのそれぞれの関連を検証している。パネルAはDhaliwal et al.（1999）によると，あいまいになっている。というのは $COMP_{broad}$, の決定係数 R^2 よりも，純利益の R^2 の方が有意でないが大きい一方，COMP 130 の R^2 は純利益の R^2 よりも有意に大きいことを示しているからである。また，パネルBは，有価証券の未実現利得（MKT-ADJ），の R^2 のみが純利益の R^2 よりも0.01両側水準で有意に大きい一方，その他の外貨換算調整（FC-ADJ）と最小年金負債調整（PENS-ADJ）の R^2 は，純利益の R^2 と異ならないことを表している。Dhaliwal et al.（1999）は，その理由として，有価証券の未実現利得（MKT-ADJ）を除いて，外貨換算調整（FC-ADJ）と最小年金負債調整がより主観的推定値であり，単なるノイズに過ぎないからであると示唆する。また次の表13は，有価証券の未実現利得（MKT-ADJ）も，すべての産業に共通というのではなく，金融業にのみ純利益の決定係数 R^2 より有意に R^2 が大きいことを表している。そしてこの金融業の有価証券の未実現利得（MKT-ADJ）が全体に影響をもたらしていることを示してい

表12　純利益と投資収益，そして包括利益と投資収益との関連を検証するモデルの推定結果：企業は産業によって分類されない

	パネルA：純利益と投資収益そして包括利益と投資収益との関連				
モデル	INT	NI	$COMP_{broad}$	$COMP_{130}$	Adj. R^2
(1a)	0.141	0.665			3.81
	(22.12)	(21.30)			
(1b)	0.142		0.599		3.51
	(22.34)		(20.40)		(−1.19)
(1c)	0.139			0.680	4.20
	(21.84)			(22.41)	(4.74)

	パネルB：純利益と投資収益そして要素ベースの包括利益と投資収益との関連				
モデル	INT	$COMP_{MKT-ADJ}$	$COMP_{FC-ADJ}$	$COMP_{PENS-ADJ}$	Adj. R^2
(2a)	0.139	0.681			4.22
	(21.89)	(22.46)			(6.23)
(2b)	0.140		0.665		3.81
	(22.06)		(21.29)		(0.02)
(2c)	0.141			0.663	3.79
	(22.13)			(21.25)	(−1.18)

（出典：Dhaliwal et al. 1999, p. 53, 表2, 一部削除）

表13　純利益と投資収益，そして包括利益と投資収益との関連を検証するモデルの推定結果：企業は産業によって分類される

モデル	独立変数	列ラベル	金融	製造	商社	公益	その他
	パネルA：純利益と投資収益そして包括利益と投資収益との関連						
(1a)	NI	Adj. R^2	9.47	2.51	5.39	6.16	4.57
(1b)	$COMP_{broad}$	Adj. R^2	11.92	2.25	3.85	6.77	3.57
		Vuongz-stat	(2.39)	(−1.37)	(−1.24)	(0.18)	(−1.82)
(1c)	$COMP_{130}$	Adj. R^2	14.22	2.55	5.69	6.20	4.62
		Vuongz-stat	(3.48)	(0.44)	(1.43)	(0.15)	(0.49)
	パネルB：純利益と投資収益そして要素ベースの包括利益と投資収益との関連						
(2a)	$COMP_{MKT-ADJ}$	Adj. R^2	14.23	2.58	5.60	6.19	4.67
		Vuongz-stat	(3.48)	(1.76)	(1.10)	(0.13)	(0.90)
(2b)	$COMP_{FC-ADJ}$	Adj. R^2	9.52	2.46	5.48	6.20	4.60
		Vuongz-stat	(1.65)	(0.58)	(1.84)	(0.55)	(1.23)
(2c)	$COMP_{PENS-ADJ}$	Adj. R^2	9.39	2.52	5.39	6.18	4.49
		Vuongz-stat	(−1.02)	(1.39)	(0.20)	(−1.18)	(1.52)

（出典：Dhaliwal et al. 1999, p. 56, 表3, 一部削除）

表14 純利益と包括利益の,持分の市場価値との,そして将来キャッシュ・フロー/将来利益との関連の結果

独立変数 (s)[b]	列表示	価格$_t$	従属変数	
			キャッシュ・フロー$_{t+1}$	純利益$_{t+1}$
NI_t	調整 R^2	36.42	16.54	30.69
$COMP_{broad.\ t}$	調整 R^2	28.11	11.43	22.35
	Vuong z 統計量	(−6.68)	(−4.12)	(−5.59)
$COMP_{130.\ t}$	調整 R^2	33.56	13.04	27.06
	Vuong z 統計量	(−8.64)	(−3.24)	(−4.23)
$NI_t,\ BV_t$	調整 R^2	52.77		
$COMP_{broad.\ t},\ BV_t$	調整 R^2	50.87		
	Vuong z 統計量	(−4.49)		
$COMP_{130.\ t},\ BV_t$	調整 R^2	52.08		
	Vuong z 統計量	(−5.62)		

(出典:Dhaliwal et al. 1999, p.62, 表5, 一部削除)

る。

　表14は,純利益と包括利益のそれぞれの,持分の市場価値との,そして将来キャッシュ・フロー/将来利益との関連を表している。この表14からわかるように,持分の市場価値を説明する決定係数 R^2 は,純利益を使用しているものが,$COMP_{broad}$ と $COMP_{130}$ を使用しているものよりも,0.01両側有意性検定でより大きい。またわずかではあるが,純利益の方が持分の市場価値と強く関連している。これらの結果は,純利益の方が,包括利益よりも有意な増分情報内容を有していることを示唆している。また表14からわかるように,純利益の方が,包括利益よりも将来キャッシュ・フローと将来の純利益により強く関連している。これらの結果は,純利益の方が包括利益よりも有用であることを示しており,前節で考察した事象理論を支持する証拠であるといえよう。かくて,Dhaliwal et al. (1999) の実証結果は一部,表12と表13から,包括利益の R^2 が純利益の R^2 よりも有意に大きいことを示唆しているものの,それは極限られた産業(金融業)の有価証券の未実現利得(MKT-ADJ)によってもたらされたものであり,全体的には,純利益の方が包括利益よりもより有用であることを示唆している。

また後述するが Cheng et al.（1993）も同様の実証結果を得ている。Cheng et al.（1993）は，営業利益（*OI*），純利益（*NI*）そして包括利益（*CI*）のそれぞれで，相対的情報内容と増分情報内容の二つの観点で比較している。その結果先ず，相対的情報内容では，投資収益を説明する R^2 で，*OI* は *NI* よりも有意により大きく，*NI* は *CI* よりも R^2 が有意により大きいことを実証している。また，増分情報内容では，*OI* と *NI* の相違（*OI* の方がより大きい）は有意に大きい一方，*NI* と *CI* との相違（*NI* の方がより大きい）は有意に大きいものの，産業効果を統制すると，有意に大きくないことを示している。これらのことから彼らも，Dhaliwal et al.（1999）の実証結果とほぼ同様に，純利益の方が包括利益よりもより有用であることを示唆している。

O'Hanlon and Pope（1999）も，英国のデータから，経常利益の累積額に対して特別利益や買入のれん，再評価剰余金，為替差額の期中変化額が有意な増分情報内容を有していないことを実証しており，先述の Dhaliwal et al.（1999）の実証結果や Cheng et al.（1993）の実証結果と一致している。

これまでの会計情報は，諸般の経済事象から取引を導き出しその取引を集約し最終的に計算される純利益を主な内容としてきた。しかしながら，ここで検討してきたように，今まで最終的に計算されてきた純利益に，資産・負債アプローチから認識されてきた有価証券の未実現利得（*MKT-ADJ*），外貨換算調整（*FC-ADJ*），そして最小年金負債調整（*PENS-ADJ*）を加減して，SFAS 130号のような包括利益を算出するようになってきた。

この最終的に計算される包括利益を導き出す過程の中で多くの会計情報が関係するのである。例えばそのような情報として，有価証券の未実現利得，外貨換算調整，最小年金負債調整，純利益，経常利益，営業利益，売上総利益，売上高，売上原価，販売費及び一般管理費，減価償却費，支払利息，現金，売掛金，建物，そして土地などがある。これらの情報から包括利益が導き出される過程を"統合"という。

この統合という言葉には，先述のように二通りの解釈が成り立つ。一つは，"aggregation"であり，他の一つは"integration"である。事象理論では損益計

算書で計算される包括利益は無用の長物といえる。というのは，包括利益を含む各勘定科目はまさに数量と金額を元に"aggregation"していると解釈するからである。それは，包括利益がその構成要素（例えば有価証券の未実現利得，外貨換算調整，最小年金負債調整や純利益）によって"aggregation"からいつでも計算できる一方，包括利益には無い具体的な属性をその構成要素（例えば有価証券の未実現利得，外貨換算調整，最小年金負債調整や純利益）は有しているので，包括利益からは逆にその具体的な属性を知ることができない。Dhaliwal et al. (1999)，Cheng et al. (1993) の研究，そして O'Hanlon and Pope (1999) の実証研究は，その結果を裏付けている。それでは，包括利益は無用の長物になるのであろうか。それを解くヒントは，もうひとつの統合である"integration"にある。

もし，抽象化の極みである包括利益がその算出過程で現れたその構成要素には無い有意な増分情報内容を有しているならば，その増分部分によって"integration"が証明されたことになり，事象理論とは異なり，包括利益の有する意味合いが出てくるといえるであろう。

しかしながら一般には，包括利益の導出の道程は，"aggregation"であって"integration"ではないと考えられている。この"aggregation"であるが，前述したように，その過程では事象理論では周知の抽象のハシゴが考えられ，包括利益に至るまでに多くの情報（具体的な属性）が失われると考えられる。

したがって事象理論を突き詰めていくと，情報利用者の観点に立てば抽象化は意味をなさないことになる可能性がある。それはまさに，データベースさえあれば，損益計算書も貸借対照表もそしてそれらで算出される包括利益も必要ないといえるのである。

だが，はたしてそうなのであろうか。包括利益にはその構成要素にはない独自の増分情報内容が無いのであろうか。それを解く一つの鍵は，包括利益も，他の会計利益（例えば純利益）と同様に"実体（principle）"ではなく将来キャッシュ・フローの"代替（sarogaite）"であることにある。つまり，包括利益を算出する過程，いわゆる"代替"の段階では"aggregation"であり，

包括利益は確かに個々の構成要素（例えば有価証券の未実現利得，外貨換算調整，最小年金負債調整や純利益）の寄せ集めに過ぎない。しかしながら，その寄せ集めの包括利益（将来キャッシュ・フローの代替）の情報内容（実体）には，その構成要素にはないものが含まれており，いわゆる"integration"がなされている可能性があるのである。すなわち，情報内容には，包括利益の構成要素（例えば有価証券の未実現利得，外貨換算調整，最小年金負債調整や純利益）が有していて包括利益が有さない部分がある一方，包括利益で算出されるのれんのように包括利益が有していて包括利益の構成要素（例えば有価証券の未実現利得，外貨換算調整，最小年金負債調整や純利益）が有していない部分もあると考えられる。

先述のDhaliwal et al.（1999），Cheng et al.（1993）の研究，そしてO'Hanlon and Pope（1999）の実証研究はいずれも，包括利益の構成要素（例えば純利益）が包括利益よりも相対的情報内容で優位であることを示唆している。そして包括利益には，その構成要素である純利益に対して有意な増分情報内容がないことを示している。これは，事象理論を支持するものであり，ひいては原子論的アプローチが妥当であり，有機論的アプローチが当てはまらないことを示唆している。

これらのことから，株価を使用した実証研究では一面では，包括利益が有用であるとはいいがたいことになる。包括利益が有用であるためには，これからの実証研究で，その有意な増分情報内容が見出されると同時に，それを理由付ける理論が必要になるであろう。

これまで，Hayakawa（1978）の想定している抽象のハシゴから，包括利益が算出する過程の中で，多くの具体的な情報が失われていることが予想されると述べてきた。そして前節からわかるように，実際の証券市場を通しておこなわれたDhaliwal et al.（1999），Cheng et al.（1993）の研究，そしてO'Hanlon and Pope（1999）の実証研究は，包括利益の構成要素（純利益）が包括利益に比べて優位な相対的情報内容を有している一方，包括利益がその構成要素（純利益）よりも有意な増分情報内容を有していないことを示している。これらのこ

とから船本(1997)によって考察された内容は，証券分析での実証研究で証明されていると解釈することができるであろう。つまり，これらの実証研究は，事象理論を支持するものであり，ひいては原子論的アプローチが妥当であり，有機論的アプローチが当てはまらないことを示唆している。

　包括利益が有用であるためには，その構成要素（例えば有価証券の未実現利得，外貨換算調整，最小年金負債調整や純利益）が有用であることはもちろんのことであり，さらに，包括利益が，その構成要素にはない有意な増分情報内容を有する必要があるであろう。そしてその場合，その構成要素が有用であること，そしてその増分情報内容が有意に大きいことを理由付ける理論が必要になるであろう。

第4節　会計利益の属性の比較

　これまで述べてきたことからわかるように，Hayakawa(1978)の抽象のハシゴでは，抽象化のレベルが上がるにつれて具体的な特性は集約され，失われていく。したがって，抽象化が上のレベルよりも下のレベルの方が多くの具体的な特性を有していることを表している。この特性が，情報利用者にとってレリバントであるならば，それは，事象理論と一致するものであり，次に考察する相対的情報内容や増分情報内容を考察する際の方向性を提供してくれる。

　ここでとりあげる，主な会計利益（営業利益，経常利益，純利益，そして包括利益）の場合，抽象のハシゴからみると，それは，下のレベルの利益ほど多くの属性を有していることを示唆している。したがって包括利益よりもその下のレベルにある純利益の方が，事象理論から解釈すると，より具体的な特性を多く有していると考えることができ，経常利益は，その純利益よりもより具体的な特性を多く有しているといえる。また，営業利益も同様である。

　そこでそれぞれの特性の多さを比較すると次のような式になる。

$$\text{営業利益} > \text{経常利益} > \text{純利益} > \text{包括利益} \tag{27}$$

これを，Biddle et al.（1995）に基づいて相対的情報内容で表すと，下記の図13のようになると考えられる。

また，増分情報内容を考えた場合，それぞれの利益が抽象のハシゴの上のレベルにいくにつれて他の内容のものが加わること，それと同時に，上のレベルにいくにしたがって特性が失われることによって，以下のような上のレベルの会計利益には下のレベルにはない増分情報内容があると同時に，下のレベルの会計利益にも上のレベルの会計利益にはない増分情報内容があると考えられる。これを図で表すと下記の図14のようになると考えられる。

また，増分情報内容を考えた場合，それぞれの利益が抽象のハシゴの上のレベルにいくにつれて他の内容のものが加わること，それと同時に，上のレベルにいくにしたがって特性が失われることによって，以下のような上のレベルの会計利益には下のレベルにはない増分情報内容があると同時に，下のレベルの会計利益にも上のレベルの会計利益にはない増分情報内容があると考えられる。これを図で表すと下記の図14のようになると考えられる。

この図13と図14からわかるように，下のレベルの会計利益は相対的増分情報内容があることから，その有用性を主張することができる一方，上のレベルの会計利益は，増分情報内容によってその有用性を主張するしかない。

このように考えられるのであるが，実際に株価を使用した実証研究でこれらのことは実証されているのであろうか。次の節では，会計利益の相対的情報内容についてこれまでにおこなわれてきた実証研究を見ていくことにしよう。

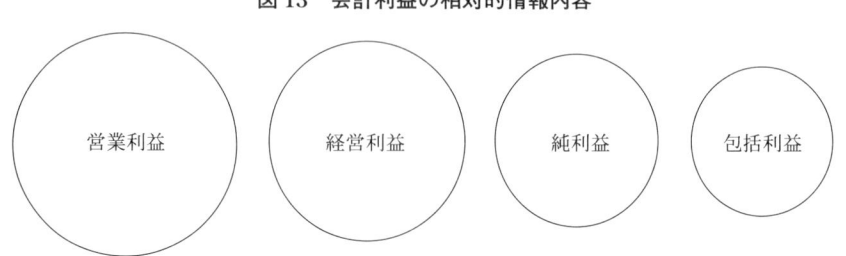

図13　会計利益の相対的情報内容

○営業利益　　○経営利益　　○純利益　　○包括利益

図14 会計利益の増分情報内容

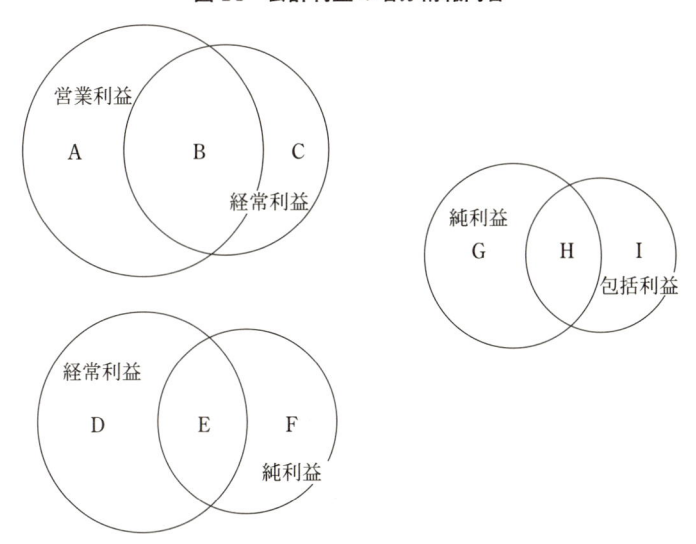

```
        営業利益
         ┌───┐
         │ A │B│ C
         └───┘
            経常利益
```

```
        純利益
         ┌───┐
         │ G │H│ I
         └───┘
            包括利益
```

```
        経常利益
         ┌───┐
         │ D │E│ F
         └───┘
            純利益
```

注：Aの部分は営業利益の経常利益にはない増分情報内容
　　Bの部分は営業利益と経常利益と共通に有する増分情報内容
　　Cの部分は営業利益の経常利益にはない増分情報内容
　　Dの部分は営業利益の純利益にはない増分情報内容
　　Eの部分は経常利益と純利益と共通に有する情報内容
　　Fの部分は純利益の経常利益にはない増分情報内容
　　Gの部分は当期純利益の包括利益にはない増分情報内容
　　Hの部分は純利益と包括利益と共通に有する情報内容
　　Iの部分は包括利益の純利益にはない増分情報内容

第5節　会計利益の相対的有用性

　事象理論から考えると，先述のように会計利益は，その抽象化が低いレベルにおいて，高いレベルよりもより多くの属性があると考えられる。その属性が投資者にレリバントであるならば，当然，相対的情報内容において，その大き

さに違いが生じてくるといえよう。しかし,それはあくまでも理論であって,現実とそぐわない可能性もある。そこで次に,会計利益の中から営業利益,経常利益そして純利益の相対的情報内容を比較した実証研究を取り上げて,それぞれの会計利益が実際に有している情報内容を見ていくことにしよう。

Cheng et al.（1993）は,証券投資収益を説明する際における営業利益,純利益,そして包括利益のそれぞれの相対的情報内容を比較検証している。彼らは先ず,1972年から1989年までの18年間の年次データに基づき,年あたり平均922社をサンプルとして抽出している。その際の規準は,次のとおりである。

（1） 三つの会計利益測定値を計算するために,株式の分割と株式の配当を調整するために,発行済株式の数のために,そして年初の株価のために,そのデータは,1991年のCompusutatテープで入手できること

（2） 月別の投資収益データは,会計年度末69ヵ月前からその3ヵ月後まで,CRSP月別投資収益ファイルから入手できること

また残差収益は,それぞれ①年毎の利益,そして②年毎であるが産業別の利益で回帰している。この場合,それぞれの会計利益の関連調整R^2が比較されることになる。

次の式が,Cheng et al.（1993）の実証研究で使用される基本モデルである。

$$AR_t = \Theta_0 + \Theta_1 A_t / P_{t-1} + \Theta_2 (A_t - A_{t-1}) / P_{t-1} + \varepsilon_t \tag{28}$$

ただし,

AR_t=異常投資収益

A_t=利益

P_{t-1}=期首の証券価格

営業利益（OP）,純利益（NI）そして,包括利益（CI）の三つの会計利益の相対的情報内容を比較するために,Cheng et al.（1993）は,それぞれの会計利益を上記の（28）式に当てはめて次のような三つの式を導き出している。

$$AR_t = \Theta_0 + \Theta_{10} P_t + \Theta_2 \Delta OP_t + \omega_t \tag{29}$$

$$AR_t = \Theta'_0 + \Theta'_1 NI_t + \Theta'_2 \Delta NI_t + \omega'_t \tag{30}$$

$$AR_t = \Theta''_0 + \Theta''_1 CI_t + \Theta''_2 \Delta CI_t + \omega''_t \tag{31}$$

そして次のような帰無仮説を立てている。

H1：$R^2 OP - R^2 NI = 0$
H2：$R^2 OP - R^2 CI = 0$
H3：$R^2 NI - R^2 NI = 0$

また Cheng et al. (1993) は，増分情報内容の比較をするために，下記のような式を導出している[5]。

$$AR_t = \lambda_0 + \lambda_{10} P_t + \lambda_2 \Delta OP_t + \lambda_3 NIMOP_t + \lambda_4 \Delta NIMOP_t \\ + \lambda_5 CIMNI_t + \lambda_6 \Delta CIMNI_t + \mu'_t \tag{32}$$

ただし，
$NIMOP$＝純利益マイナス営業利益
$CIMNI$＝包括利益マイナス純利益

それぞれの帰無仮説は下記である。

H4：$R^2 NIMOP \mid OP \equiv R^2 OP,, NIMOP - R^2 OP = 0$
H5：$R^2 CIMNI \mid OP, NIMOP \equiv R^2 OP,, NIMOP, CIMNI - R^2 OP,, NIMOP = 0$

先ず，営業利益，純利益そして包括利益の相対的情報内容であるが，表15からわかるように，Cheng et al. (1993) の実証研究から，産業効果を統制すると若干弱まるものの，営業利益は純利益よりも相対的情報内容がより大きく，純利益は包括利益よりも相対的情報内容がより大きいことが見られる。また増分情報内容については産業効果を統制すると若干異なるが，表16からわかるように，純利益と営業利益の間の差異を構成する利益要素（増分情報内容）は，残差収益を説明する際に有用性を有している。また包括利益と純利益の間の差異を構成する利益要素（増分情報内容）も残差収益を説明する際に有用性を有していることが実証されている。これらの実証結果は，船本（1997）の考

表15　営業利益，純利益，そして包括利益の相対的情報内容

パネル A	モデル (28)―(30) の適合の良さの比較			
年	(28)	(29)	(30)	N
1972	0.103	0.108	0.113a	647
1973	0.124a	0.124a	0.110	680
1974	0.167a	0.120	0.121	699
1975	0.181a	0.106	0.099	364
1976	0.198a	0.125	0.100	731
1977	0.269a	0.165	0.113	862
1978	0.161a	0.103	0.062	905
1979	0.124a	0.089	0.057	934
1980	0.056a	0.054	0.044	977
1981	0.154	0.161a	0.134	983
1982	0.111a	0.048	0.027	971
1983	0.150a	0.082	0.046	1017
1984	0.131a	0.134a	0.111	1045
1985	0.083a	0.078	0.076	1042
1986	0.021a	0.006	0.003	1087
1987	0.171a	0.168	0.128	1118
1988	0.073a	0.065	0.058	1122
1989	0.106a	0.100	0.096	1087
平均	0.132a	0.102	0.072	922
パネル B	産業規模の比較			
第一指標 CSI	(28)	(29)	(30)	
鉱業	0.132a	0.123	0.089	
食料，織物，紙	0.123a	0.097	0.082	
ゴム，金属，機械	0.154a	0.108	0.089	
輸送	0.166a	0.140	0.104	
卸売，小売	0.178a	0.125	0.093	
銀行，保険	0.133a	0.165a	0.152	
ホテル，サービス，映画	0.162a	0.162a	0.134	
平均	0.149a	0.131	0.106	

(出典：Cheng et al., 1993, p. 200, 表3)
a　各行の調整済み R^2 の最高値を示す。

表16 営業利益,純利益,そして包括利益の増分情報内容

パネルA	H4	H5
プールされたサンプル	3.59***	2.84***
パネルB		
産業によって分類された		
1 鉱業	1.98*	1.15
2 食料,織物,紙	2.96***	0.29
3 ゴム,金属,機械	2.25**	2.46**
4 運送業	4.36***	1.71
5 卸売,小売	1.61	−0.44
6 銀行,保険	2.93***	−0.22
7 ホテル,サービス,映画	2.47**	0.94

*,**そして***は,それぞれ0.10,0.05,そして0.01水準で統計的に有意であることを示す。
(出典:Cheng et al., 1993, p.202, 表6)

えを裏付けるといえるであろう[6]。

第6節 会計利益情報の有用性の条件

これまで述べてきた抽象のハシゴからわかるように,会計利益は,抽象の高いレベルにいくほど,その属性が失われ,相対的情報内容が小さいと考えられる(営業利益>経常利益>純利益>包括利益)[7]。当然のことながら,抽象の低いレベルの方が高いレベルよりも相対的に情報内容が大きいのであるから,増分情報内容を有しているといえる。Cheng et al. (1993) の実証研究はそれを裏付けており,また理論的にも船本 (1997) の考えと一致している。それでは,抽象の高いレベルの会計利益(例えば包括利益や純利益)は,下のレベルにはないレリバントな情報を有していないのであろうか。周知のように,純利益には,経常利益にはない特別損益が含まれている。また,包括利益には,純利益

にはないその他の包括利益が含まれている。これらの会計情報（特別損益やその他の包括利益）は，抽象の低いレベルの会計利益（例えば営業利益と経常利益）にはない情報であり，それぞれ純利益と包括利益の増分情報内容であるといえよう。また純利益や包括利益をもとにのれんを計算することも可能である。この場合，そののれんに相当する無形資産は，純利益や包括利益を構成する要素とは異なるものであると考えることもできる[8]。すなわち，これらののれんも，純利益や包括利益それぞれの他の会計情報にはない増分情報内容であるといえるのである。そこでここでは，クリーン・サープラス会計を基にのれんを計算している Ohlson（1995）の研究を紹介し，クリーン・サープラス会計における増分情報内容として，純利益を基に計算されるのれんを見ていくことにしよう。

　Ohlson（1995）は，伝統的な株価形成モデルである配当割引モデルに基づいて，株式価値がその企業の純資産額と異常利益で決定されることを示している。下の（33）式は Ohlson（1995）モデルである。

$$P_t = y_t + \sum_{\tau=1}^{\infty} R_f^{-\tau} E_t(\tilde{x}^a_{t+\tau}) \tag{33}$$

ただし，

P_t　　＝t 日における企業の持分の市場価値または価格

y_t　　＝t 日における純資産の簿価

R_f　　＝リスクフリー率プラス1

$Et(.)$＝t 日の情報を条件とする期待値オペレータ

x_t　　＝期間（t-1, t）の利益

この式からわかるように，株式価値は，純資産の簿価に将来異常利益の現在割引価値合計額を加えたものである。ここで異常利益は，「純利益－自己資本コスト×期首資本」で計算される。この自己資本コストは株主が期待する最低限の投資収益率であり，「自己資本コスト×期首資本」は，株主が求める最低限の利益額を意味する。この場合，もし企業がその自己資本コスト×期首資本と同じだけの利益をあげたとすれば，異常利益は生じなく，企業の株式価値

は,純資産の簿価に等しくなる。この (33) 式の y_t を左辺に移項し (34) 式のようにすると,株式価値と純資産の簿価の差額が,将来異常利益の現在割引価値の和になることを意味する。

$$P_t - y_t = \sum_{\tau=1}^{\infty} R_f^{-\tau} E_t(\tilde{x}_{t+\tau}^a) \tag{34}$$

ここでの異常利益は超過収益力を示しており,その現在割引価値は,のれんに相当する[9]。もし異常利益の算出で,純利益の代わりに包括利益を使用するならば,包括利益によるのれんの認識も可能になるであろう。

次に,Ohlson (1995) の研究を実際に実証したものを紹介しよう。一般に,Ohlson (1995) の研究を実証したものは,純資産の簿価と将来異常利益の現在割引価値(のれん)との相対的重要性の比較を行っており,(34) 式ののれんにのみ着目したものはほとんど見られない。しかしながら,純資産の簿価と将来異常利益の現在割引価値(のれん)との相対的重要性の比較の実証を通じても,こののれんのレリバンスの存否は確認できる。

そこでここでは,井上(達)(1998) を中心に,将来異常利益の現在割引価値(のれん)のレリバンスの存否を見ていくことにしよう。井上(達)(1998) は,純資産の簿価と将来異常利益の現在割引価値(のれん)との相対的重要性を実証するにあたって,日本における個別会計情報と連結会計情報の比較をおこなうことから,東証一部上場で日本基準にしたがって連結財務諸表を公表している三月決算企業(1990 年〜1997 年まで)を対象としてサンプルを抽出している。将来異常利益の現在割引価値(のれん)を計算する際に使用する利益予測情報の入手が困難であることから,井上(達)(1998) は,t 期の純利益が今後四期間発生すると仮定して,将来異常利益を計算している。また純資産簿価がゼロまたはマイナスであるような企業はサンプルから除いている。それは倒産に近く,純資産簿価のみが第一義的な変数であるような偏った企業を排除するためである。また同様に6社でありながら,大きな影響力を有している異常値を有する企業も除去している。

表16からわかるように,井上(達)(1998) によると,個別会計情報と連結

会計情報についてOhlson（1995）によるモデルを導入した結果，純資産簿価も純利益の係数もプラスであり，Ohlson（1995）の予想するとおりである。そして表16のカッコ内の数値（t値）は，およそ2以上の数値が5％水準で統計的に有意であることから，これは，ここで問題にしている，将来異常利益の現在割引価値（のれん）のレリバンスの存否を見る場合，その存在を肯定することを示唆しているといえよう。またそれに加えて，親会社個別会計モデルにおける純資産簿価の相対的重要性は，将来異常利益と逆相関の関係であることが見られる。すなわち，企業業績が悪い期間ほど，株価に対する純資産簿価の占める割合は高いといえ，逆に，企業業績の良いときは（1990年と1991年），純資産簿価よりも将来異常利益の方が株価をよく説明するといえる。したがって，将来異常利益の現在割引価値（のれん）のレリバンスの大きさは，企業の業績と比例関係にあるといえる一方，純資産簿価の相対的重要性は景気と反比例すると解することができる。

　かように井上（達）（1998）の実証から，企業の公表する会計利益（純利益）には，その構成要素にはない資産（のれん）が含まれていることが暗黙ではあるが明示されているといえる。ただし，将来異常利益の現在割引価値（のれん）のレリバンスは，景気と比例しており，不景気になるとその株価説明力が低下することを示唆している。

　井上（達）（1998）の実証以外にも，Collins et al.（1997），そしてBarth et al.（1998）なども同様にOhlson（1995）で提唱されたモデルを基に実証をしている。

　Collins et al.（1997）は，井上（達）（1998）と同様の実証研究をおこなっている。彼らは，アメリカの1953年から1993年までの，純資産簿価と将来異常利益の現在割引価値の株価説明力について検証をおこなっている。彼らは，実証するにあたって，株価を純資産簿価と将来異常利益の現在割引価値で回帰する式（A）と，純資産簿価のみで回帰する式（B）と，将来異常利益の現在割引価値のみで回帰する式（C）を用いた。そして，（A）の決定係数から（B）の決定係数を減じて将来異常利益の現在割引価値の増分説明力とし，（A）の決

第6節　会計利益情報の有用性の条件　　*149*

表17　将来異常利益の現在割引価値（のれん）のレリバンスの存否

親会社個別会計モデル　　　　　　　　　　　　　　　　　　　　　（1株当たり，単位：円）

	1990.3	1991.3	1992.3	1993.3	1994.3	1995.3	1996.3	1997.3
純資産簿価	0.3736 (8.534)	0.4620 (15.620)	0.6052 (24.021)	0.6805 (34.031)	0.8031 (43.510)	0.8290 (45.309)	0.6970 (32.957)	0.4934 (19.957)
予測利益 （4期計）	0.5158 (11.783)	0.4841 (16.368)	0.3527 (13.999)	0.3285 (16.430)	0.1803 (9.770)	0.1273 (6.960)	0.2727 (12.892)	0.4643 (18.779)
定数項	0.0000 (0.000)	0.0000 (0.000)	0.0000 (0.000)	0.0000 (0.000)	0.0000 (0.000)	0.0000 (0.000)	0.0000 (0.000)	0.0000 (0.000)
サンプル数 F値 調整済 R^2	596 866 0.7441	622 1290 0.8059	649 1182 0.7847	672 1399 0.8065	690 1766 0.8367	787 1858 0.8253	794 2160 0.8448	805 1937 0.8281

連結会計モデル　　　　　　　　　　　　　　　　　　　　　　　　（1株当たり，単位：円）

	1990.3	1991.3	1992.3	1993.3	1994.3	1995.3	1996.3	1997.3
純資産簿価	0.4851 (10.959)	0.5711 (19.131)	0.6311 (23.762)	0.6828 (33.581)	0.8322 (45.549)	0.8399 (45.903)	0.7285 (34.265)	0.4679 (18.581)
予測利益 （4期計）	0.3880 (8.765)	0.3606 (12.079)	0.3090 (11.636)	0.3201 (15.742)	0.1393 (7.624)	0.1132 (6.188)	0.2409 (11.374)	0.4927 (19.565)
定数項	0.0000 (0.000)	0.0000 (0.000)	0.0000 (0.000)	0.0000 (0.000)	0.0000 (0.000)	0.0000 (0.000)	0.0000 (0.000)	0.0000 (0.000)
サンプル数 F値 調整済 R^2	596 735 0.7115	622 1011 0.7706	649 1056 0.7650	672 1360 0.8020	690 1662 0.8282	787 1955 0.8326	794 2265 0.8510	805 2230 0.8473

(出典：井上，1998, p.886, 図表2)

定係数から（C）の決定係数を差し引いた値が純資産簿価の増分説明力を表すとしている。彼らの実証結果は，1953年から1993年の間で，損失を計上している企業では，純資産簿価の説明力が高く，利益を計上している企業では，将来異常利益の現在割引価値が高いことを表している。さらにCollins et al.(1997)によると，純資産簿価の説明力は，企業規模が大きくなるにつれて低下し，無形固定資産が増大する企業ではより説明力が高くなっていることがわかる。そして将来異常利益の現在割引価値の増分説明力が，時間の経過とともに減少す

る一方,純資産簿価の増分説明力は,時間の経過とともに増加していることを示唆している。

Barth et al. (1998) は,1975年から1993年までの破産した企業をサンプルとして抽出し,破産前の5年間における純資産簿価と将来異常利益の現在割引価値の株価説明力とそれぞれの増分説明力を実証している。その結果は,純資産簿価の説明力が,破産の年度に近づくにつれて増加するのに対し,将来異常利益の現在割引価値の説明力は低下していることがわかった。また,同様に破産の年度に近づくにつれて,純資産簿価の増分説明力が増加するのに対し,将来異常利益の現在割引価値の増分説明力が減少することが実証された。

これらの実証は,井上（達）(1998) と同様に,のれんのレリバンスの存否を直接的に実証したものではない。しかるに,その度合いは別にしても,将来異常利益の現在割引価値の有意性をそれぞれの実証が示しており,のれんのレリバンスが実証されていると解することができるであろう。

第7節　原子論的アプローチと有機論的アプローチの統合

(1) 原子論的アプローチと相対的情報内容

これまで見てきたように,株価を使用した実証研究は,営業利益,経常利益,純利益,そして包括利益の相対的情報内容について,会計利益がより抽象化されているものの方が,抽象化されていないものに較べて,有意により小さいことを示唆している。これは,営業利益が経常利益よりも,経常利益が純利益よりも,そして純利益が包括利益よりも有意に相対的により情報内容を有していることを意味する。そしてこのことは,Hayakawa (1978) によって指摘されている抽象のハシゴと一致するといえるであろう。

これらの会計利益（営業利益,経常利益,純利益そして包括利益）が計算される過程の中で多くの会計情報が関係する。例えばそのような情報として,有価証券の未実現利得,外貨換算調整,最小年金負債調整,純利益,経常利益,

第7節 原子論的アプローチと有機論的アプローチの統合　　*151*

営業利益，売上総利益，売上高，売上原価，販売費及び一般管理費，減価償却費，支払利息，現金，売掛金，建物，そして土地などがある。前述のようにこれらの情報から会計利益が導き出される過程は"統合"である。

　本書で取り上げている会計利益の例でいえば，営業利益は，売上総利益と販売費及び一般管理費の会計要素から構成されており，経常利益は，営業利益に営業外損益を加減して算出されており，それらの要素で構成されているといえる。また純利益は，経常利益に特別損益を加減して算出されており，包括利益は純利益にその他の包括利益を考慮して算出されているといえる。そして，それぞれの会計利益は，その構成要素よりも情報内容がより小さいことが証券市場の相対的情報内容の実証研究で証明されている。これらのことから，原子論的アプローチで解釈した場合，会計利益無用論が成立する可能性がある。すなわち，生の会計データさえあれば，会計利益を算出する必要性はないと考えられるのである。

　それでは，会計利益は無用の長物になるのであろうか。この点については，次で考察することにしよう。

(2)　有機論的アプローチと増分情報内容

　これまで紹介した実証研究から，営業利益は経常利益よりもより相対的に大きな情報内容を有しており，経常利益は純利益よりもより大きな相対的情報内容を有しており，また，純利益が包括利益よりもより大きな相対的情報内容を有していることが判明している。さすれば，統合することによって会計利益を算出していく必要性はどこにあるのであろうか。ここで，相対的情報内容とは異なる視点である増分情報内容を考えることが有益であろう。というのは，たとえ相対的に情報内容が有意に小さいとしても，もし，有意な増分情報内容を有しているならば，その会計情報が有用である可能性があるからである。

　すなわちもし，抽象化された会計利益がその算出過程で現れたその構成要素には無い有意な増分情報内容を有しているならば，その増分部分によって"integration"が証明されたことになり，事象理論とは異なり，会計利益を算

出する意味合いが出てくるといえるであろう。これまでそのような増分情報内容としてのれん（営業権）があることを示唆している。そして間接的ではあるが前述のように，そのようなのれんが有用であることをOhlson (1995) モデルの実証研究を通して見てきた。

かくして，会計利益の算出（統合過程）にあたっては，従来の統合である"aggregation"のみではなく，"integration"もなされていることを示唆することができる。それは，事象理論に代表される原子論的アプローチとそれとは異なる有機論的アプローチが両立することを意味する。

これまで，船本 (1997) の考えを手がかりに，会計利益の有用性に疑義を申し立てるような試みをしてきた。おりしも，アメリカの証券市場でおこなわれてきている相対的情報内容の実証結果は，この事象理論と一致する内容になっており，Hayakawa (1978) の抽象のハシゴを裏付ける結果となっていた。このことから，会計利益を無用の長物と解釈する考え方が成立する可能性がある。しかしながら，会計利益には"aggregation"の意味合いのみではなく，"integration"としての機能もあるのではないだろうか。それを明らかにするのが，Ohlson (1995) を中心とする実証研究であった。そこでは，会計利益（純利益）が有するであろう増分情報内容としてのれんが考えられるのであるが，井上（達）(1998)，Collins et al. (1997)，そしてBarth et al. (1998) は，間接的にこののれんのレリバンスの存在を実証している。こののれんは，会計利益がその構成要素にはない情報内容を創出したものと解することができ，会計利益の有用性の存在を明らかにするといえよう。ここに本書を通して，会計利益には原子論的アプローチのみでなく，有機論的アプローチも可能であることが明らかにされたといえるであろう。したがって，抽象度の高い会計利益を情報として提供することは，生の会計データを提供することと同じように有用であるといえよう。

おりしも，国際会計基準審議会（International Accounting Standards Board: IASB）やFASBでは，収益・費用アプローチから資産・負債アプローチへの移行に伴い，純利益を損益計算書から削除し，包括利益で代替する方向に向かっている[10]。

純利益といえば，実現利益と考えられ，取得原価会計情報の中でも有用性の高い会計指標として考えられてきた。かような状況の中，次に，別の観点から取得原価会計情報の有用性を見てみることにしよう。

〔注〕
（1） 船本（1997）は，彼の考え方が損益計算書勘定の費用，損失，収益および利益にあてはまることを述べている。本書は包括利益まで延長している。
（2） Biddle et al.（1995, p. 4）では，図で相対的情報内容と増分情報内容の関係を明らかにしている。
（3） 純利益はその構成要素に対して理論上，その構成要素にない増分情報内容を有していると思われる。そのようなものとして，のれんが考えられる。
（4） 包括利益を公表する必要性は，単に純利益との相対的情報内容と増分情報内容の比較から導かれるのではなく，他の包括利益を資本に計上した場合との比較も必要となる。
（5） 相対的情報内容と増分情報内容の関係については，Biddle et al.（1995）を参照せよ。
（6） 日本では，大日方（2003）も同様に実証をおこない，同じ結果となっており，船本（1997）の考えを裏付けている。
（7） 斎藤（2005）では，包括利益と純利益との関係を，包括利益のうち，(1) 投資リスクから解放されていない部分を除き，(2) 過年度に計上された包括利益のうち期中の投資のリスクから解放された部分を加え（リサイクル）(3) 少数株主損益を控除すると，純利益が求められるとしているが，表現は異なるものの，包括利益と純利益のその属性を考えた場合，本書における包括利益と純利益の関係と矛盾しないといえる。
（8） のれんは，通常，純利益をもとに算出することができる。詳しくは，飯野（1977）を参照せよ。しかしながら，包括利益をもとにのれんを算出することも可能であろう。だが，純利益や包括利益を構成する会計要素からのれんを計算することも可能ならば，会計利益（純利益や包括利益）の有用性は，コストの節約に帰するといえなくもない。
（9） このようなのれんの認識の仕方は，Edwards and Bell（1961）の主観のれんの算定「期間利益－利子率×期首資本」と同一である。
（10） 日本経済新聞の2006年11月16日の田村他（2006）の記事によるとIASBとFASBは，純利益の項目を将来的に廃止する方向で合意している。

第7章

事象理論と取得原価会計情報

第1節　従来の会計過程における情報の流れと
コミュニケーション

　1969年にSorterによって会計事象理論が提唱され，多くの年月が経過した。その間，会計事象理論は，一部の会計学者によって研究され今日にいたっているものの，会計研究の大きな流れの中でそれはさして注目されることはなかった。しかるにその根幹にある思考は，大きな影響を持ち得るものである。というのも，本質的に「生のデータ」を重要視する会計事象理論は，ともすれば，会計記録や決算報告書を中心とする既存の会計理論を否定することになる恐れがあるからである。そのような中，Sorter (1969) の会計事象理論を既存の会計理論の範疇で考察する研究者が現れた。そのような研究者の1人として船本 (1989) がいる。

　船本 (1989) は，従来，会計事象理論の会計研究者によって偏りがちであった「生のデータ」にこだわらず，実際の会計実務（会計記録や会計報告書）に事象理論のエッセンスである「抽象化による情報ロス」を適用して理論を構築している。それは船本 (1989) の言葉を借りれば，出力基準によって会計情報を規定することを意味する[1]。この出力基準とは，会計の前段階である原始資料（送り状や領収書等の証憑書類）を単なるデータの流れと見て，会計情報の流れとはみなさないのである。この場合の会計情報の流れとは，会計帳簿の流れと財務諸表の流れにわかれる。会計帳簿の流れは，個々の取引内容が集計される以前の段階である仕訳帳とそれを集計した結果である元帳や試算表等の

会計帳簿の記録作成プロセスを意味する。また財務諸表の流れとは，会計記録のプロセスを経て作成された貸借対照表，損益計算書，そしてキャッシュ・フロー計算書等の会計報告書を示すものである。

この会計帳簿の流れと財務諸表の流れを考察するとき，往々にしてありがちなのは，どちらに重点をおくかということである。船本（1989）によれば，会計記録に重点をおく視点では，取得原価主義を基礎として，会計報告書上の取得原価による表示の裏づけとなる会計記録を中心とするもので，主として会計記録の信頼性の考察に焦点を絞るものである。一方，会計報告書に重点をおく視点では，会計報告書はその利用者の意思決定活動に役立つものでなければならず，会計情報の有用性の考察に焦点を絞るものである。

井尻（1983）によると，取得原価主義会計は，AAA（1936）の『会計原則試案』，Sanders, Hatfield, and Moore（1938）『会計原則の報告書』，そして Paton and Littleton（1940）の『会社会計基準序説』等を経て確立したものであるが，船本（1989）はそこに会計記録重視の視点が内在していることを指摘している。というのは，会計記録が無ければ取得原価の計算をおこなうことができないが，それはまた財務諸表上の取得原価による表示はその裏に必要な記録が整備されていることを暗黙のうちに意味しているからである。

それでは会計記録の重視がなぜ取得原価主義会計や信頼性と密接に関係するかというと，その点については Paton and Littleton（1940）の『会社会計基準序説』に克明に示されている。それは，会計の領域において会計記録の裏づけとなる客観的な証拠が重要な地位を占めるようになったからである。ここでは船本（1989）のように，会計情報の有用性の観点において，会計記録重点主義により信頼性から支持されてきた取得原価会計情報を，目的適合性の視点から改めて見ていくことになる。

従来の会計過程における情報の流れを示すと，それは，三つの段階に分けて考えることができる。先ず，第一の段階は，会計の対象たる経済事象を表現する証憑等の原始資料の流れである。第二の段階は，第一の段階にもとづいてなされる会計記録の過程における情報の流れである。そして第三の段階の情報の

第1節　従来の会計過程における情報の流れとコミュニケーション

流れは，かようにして会計記録の過程を経て作成された財務諸表等の会計報告書の流れである。船本（1989）のように出力基準を採用する立場ならば，会計研究の対象となるのは，第二の会計記録と第三の会計報告書の流れとなる。

株主や債権者等の企業外部の会計情報利用者は，主として，貸借対照表，損益計算書，そしてキャッシュ・フロー計算書等の財務諸表を会計情報として入手する。それは，会計過程の情報の流れでは第三の段階の情報の流れである。したがって，船本（1989）によると企業外部の会計情報利用者は，もっぱら集計値を示す財務諸表のみを利用する場合には，集計以前の基礎にある生のデータがいかような特性を有するか，また，会計情報の作成者がいかなる集計基準および集計手続に準拠し，いかなる判断を下したか等について不明なことが多いことになる。

そこで，会計情報の送り手と会計情報の受け手（会計情報利用者）との間に有効なコミュニケーションがなされることが必要になる。そこで，船本（1989）は，そのために，次の点に留意することを示唆する。それは，会計情報の受け手が伝達を受けた情報が事実を忠実に表現しているかどうかを確証しなければならないということである。というのは，会計情報の送り手である企業の経営者は，伝達すべき会計情報を作成する前に加工処理すべきデータを収集する必要がある[(2)]。このときに，収集されたデータは，必然的に送り手である経営の伝達目的達成的な特性を有することになるからである。

船本（1989）によると，かようにして送り手の伝達目的達成的な特性を有する会計情報に対して，会計情報の利用者は，大きくは二通りの対応をすることができる。それは，このような情報をすべて拒絶するか，または，その情報の伝達目的達成的な特性を捨象することである。前者は消極的対応で，後者は積極的対応である。船本（1989）は，高度情報化社会に生存する意味では，後者の対応が好ましいと述べている。それではいかにして，会計情報の伝達目的達成的な特性を捨象することができるのであろうか。

船本（1989）によると次の二つの方法がある。一つは，送り手の情報作成時に，送り手の当為判断ないし価値判断の介入することをできるだけ少なくする

ことであり，他の一つは，送り手が情報を作成するに当たっての諸条件諸状況を明らかにすることである。

従来は，一つめの措置を実現するためには送り手固有の多くの問題が存在していた[3]。その問題を回避する手段として，船本（1989）は，法律，規則，そして慣習などの制度によって一定の準拠枠を設定し，この範囲内でのみ送り手の当為判断を認める方法があることを指摘する。そして，かような制度的制約を課すと同時に，送り手が会計情報を作成するに当たって，どのような当為判断に依拠したのかを開示するように要求するのである。このように送り手の依拠した当為判断を制度的に開示させることは，これによって会計情報の伝達目的達成的な特性を全面的に捨象することはできないものの，受け手がこれをみることによって，情報として加工処理される以前の生のデータをある程度推定することが可能となるからである。これは，会計情報から企業の経済活動を透視する，いわゆる意味論的な要素が，会計情報の受け手がその情報によって意思決定するときに必要であることを示唆している。かようにして，企業の外部の情報利用者には，内部の者しか知られていない情報（生のデータ）を手に入れる機会が少なからず存在する。

また二つめの措置を達成するためには，送り手が情報を作成するに当たっての諸条件諸状況を明らかにする必要がある。船本（1989）によると，かような環境情報によって，送り手が情報作成時に実際になした当為判断と，受け手に対して開示された当為判断の内容とが一致するかどうかを受け手は確証することができる。

第2節　これまでの取得原価会計情報と意味論

主として記号と記号の指示対象との関係を考究する領域を「意味論」という。会計情報の有用性を考察するときに，会計情報の利用者は多かれ少なかれその情報からなんらかのイメージをもち，意思決定をする。従来はそのイメージの中に，意味論的な要素はあまりなかったものと思われる。というのは，会

計報告書を作成する段階で，なんらかの集計が介在し，もともとの取引内容は曖昧なものとなってしまうことが考えられるからである。

　Johnson (1970) によると，集計には統合 (aggregation)，結合 (combination) そして合成 (composition) の3種類があると考えられる。統合とは，同種の事象の同一の特性に関する同種の測定値の単純加算を意味する。その例として，船本 (1991) によると，一会計期間の販売高をその累計額算定のために加算すること，インフレーションや技術革新が比較的緩やかな時期における設備資産の取得原価額を加算すること，または，インフレーションおよび技術革新時に設備資産のカレント・コスト額を加算することなどをあげることができる。このように統合には，集計はされているものの，そこにある程度の意味論的要素を見ることができる。

　次に結合であるが，これは，異種の事象の同一の特性に関する同種の測定値の単純加算を意味する。その例として，船本 (1991) によると，当期の広告費を当期以降の売上収益に負担させこれらを差し引くこと，同一期間のキャッシュ・インフローとキャッシュ・アウトフローとを比較し，その差額としての正味キャッシュ・フロー額を算定すること等をあげることができる。この場合，ほとんど意味論的要素は見ることができないといえる。

　最後に合成であるが，これは，同種の事象または異種の事象の異なる特性に関する多種多様な測定値の加算を意味する。その例として，船本 (1991) によると，貸借対照表において，インフレーションおよび技術革新時に貨幣資産額と設備資産の取得原価額を加算し，また同じ設備資産であっても，これを，時点を異にして購入したにもかかわらずその取得原価額によって加算すること，あるいは損益計算書において，インフレーションおよび技術革新時に時点を異にして仕入れた商品の取得原価に基づいて売上原価額を計算すること，および購買と販売との間に相当のタイム・ラグがある場合に，取得原価に基づいて計算した売上原価と販売時の売価の累計額としての売上高とを比較することによってその差額としての売上総利益を計算することなどがあげられる。ここに至っては，まったくといっていいほど意味論的要素は見られないといえる。

かようにして，集計には多かれ少なかれ意味論的内容を曖昧にする働きがあるといえる。しかしそれらはすべて同じであるというわけでなく，その度合いに応じて分類することができる。

例えば，Kaplan (1964) が考察している四つの基礎用語に，それに対応するものが見られる。Kaplan (1964) は，科学理論において使用することができる諸用語を，検証様式の違いに応じて，観察語 (observational terms)，推論語 (indirect observables)，構成語 (constructs) そして，理論語 (theoretical terms) に分類している。

観察語とは，観察者の実際の直接的観察に依存するものである。この観察語は，それが観察の結果いかんにかかわらず，観察者による実際の直接観察に基づいて生成されたものであるという理由から容易で確実な検証に役立つ用語であるといえ，通常，具体名辞，経験語，外観，記述語，または経験変数などと呼ばれている。船本 (1991) によると，かような直接観察可能な対象を指示する観察語に相当する簿記用語として，決算報告書を中心とするこれまでの会計情報を想定すると損益計算書や資金計算書のフロー報告書項目をあげることができる[4]。損益計算書項目としては，「仕入」「売上」「給料」などのような物的計算を要する項目であり，資金計算書項目としては，「配当宣言」「普通株式の発行」「社債償還」などが考えられる。かような観察語は，会計記録を見なくても決算報告書から観察できるもので，意味論的内容が多いといえる。

次に推論語であるが，これは用具の使用による間接的観察を基礎とする用語であり，そこでは推論が重要な役割を演じる。用語によって指示される対象を直接観察することができないとき，その用語の意味を理解するためには，指示対象とその用語による指示とが対応するかどうかを推論しなければならない。かような推論語の場合，観察用具を用いることによって，またはその推論語の指示する対象そのものではないがこれに関連する他の対象の直接観察の結果をみることによって，推論語の指示する対象を間接的に観察することができる。これまでの決算報告書を中心とする会計情報から推論語に相当する簿記用語を考えるならば，船本 (1991) によると，「棚卸資産」「減価償却累計額」「発行済

普通株式」等の貸借対照表項目をあげることができる。先ず「棚卸資産」であるが，これまでの決算報告書を中心とする会計情報の内容から見ると，株主や債権者などの外部情報利用者が，企業の購買・製造・販売活動等の事象を再構成することができないと考えられることから，これは推論語であるといえる。また，「減価償却累計額」であるが，これもこれまでの決算報告書を中心とする会計情報を想定すると，外部情報利用者は，そこから減価償却資産の取得・使用・時の経過・除却などの事象を再構成することができないといえることから，これも推論語であるといえる。最後に，「発行済普通株式」であるが，時価会計を採用しているこれまでの決算報告書を中心とする会計情報を想定すると，外部情報利用者がそれによって，幾分か市場価格変動を把握することはできるかもしれないが，自己保有株式に関連する諸取引を推測することはできない。

次に構成語であるが，これは直接的にも間接的にも観察することができない用語で，観察可能性を基礎として定義し適用することのできるものである。船本 (1991) によれば，かような構成語に相当する簿記用語として，決算報告書を中心とする会計情報を想定すると，「資産」「負債」「資本」「費用」「収益」「損失」「利益」などの抽象レベルの高い用語をあげることができる。これらは，通常，財務諸表の構成要素であって，財務諸表を構成する諸項目を大分類するための用具となる抽象名辞であり，直接的にも間接的にも観察することができないといえる。

最後に理論語であるが，これは観察可能性から定義することはできない。これは，観察に依存することなく，主としてそれが組み込まれている全体理論の中でそれが演じる役割から，そしてその理論自体の役割からこれを導き出すことができる。このような理論語に相当する簿記用語として，船本 (1991) によると，決算報告書を中心とするこれまでの会計情報を想定すると「借方」「貸方」「実体」「継続企業」「重要性」などの簿記以前の基礎概念をあげることができる。これらの用語は，簿記理論の生成とともに生み出され，また簿記理論の展開過程においてあらたに追加されたものである。

これらの考察からいえることは，取得原価会計情報は，決算報告書を中心と

するこれまでの会計情報を想定すると，インフレーションや技術革新が比較的緩やかな時期において設備資産の取得原価額を加算するなどの場合，統合と考えられることからかなり意味論的内容があるといえるものの，インフレーションおよび技術革新時においては全く異なり，貨幣資産額と設備資産の取得原価額を加算し，また同じ設備資産であっても，これを，時点を異にして購入したにもかかわらずその取得原価額によって加算すること，あるいは損益計算書において，インフレーションおよび技術革新時に時点を異にして仕入れた商品の取得原価に基づいて売上原価額を計算すること，および購買と販売との間に相当のタイム・ラグがある場合に，取得原価に基づいて計算した売上原価と販売時の売価の累計額としての売上高とを比較することによってその差額としての売上総利益を計算することなどの合成が生じ，意味論的内容がほとんど無くなってしまうと考えられる。そのような意味で考えると，取得原価会計情報の有用性は，インフレーションおよび技術革新時においてはほとんど無いものと考えられる。

では，取得原価会計情報は，インフレーションおよび技術革新時においては有用性がほとんど無いと考えて良いのであろうか。決算報告書を中心とするこれまでの会計情報を想定するならば，ある意味でその答えは妥当性があるといえよう。しかし，インターネットなどのIT（情報技術）が発展している今日，電子会計報告書も多くの企業によってディスクロージャーされてきている[5]。今後，そこに決算報告書作成過程の会計記録そのものが，会計情報利用者に開示されることがなされてもおかしくない。そのように見た場合，取得原価会計情報の有用性に新たな光が射す可能性がある。

第3節　目的適合性と信頼性

1966年に公表されたASOBATは，船本（1989）によると，会計情報利用者が会計報告書に重点をおいており，集計以前のデータである会計記録には殆ど関心を示さないことを示唆している。そのためASOBATは，会計情報の有用

性の基準として，目的適合性，検証可能性，不偏性および量的表現可能性の四つの基準を明示し，この中から，目的適合性が会計情報の有用性のただ一つの基本的構成要素であるとみなしている。一方，1980年に公表された SFAC 第2号は，目的適合性の他にもう一つの基本的特性として信頼性を加えている。ここでの目的適合性は基本的には，適時性，予測価値，フィードバック価値の三つの要素から構成されており，信頼性は，検証可能性，表現的忠実性，そして中立性の三つの要素から構成されている。

それでは，SFAC 第2号で目的適合性と信頼性の二つの特性がかかげられるようになったのは，どのような理由によるのであろうか。船本 (1989) は，その理由として意味論と語用論との密接な関連を指摘している。ここで言う意味論とは，記号と記号の指示対象との関係を研究するものであり，会計学では，会計情報がその指示対象たる企業に関する経済事象をどの程度忠実に写像しているかどうかを意味する。また，語用論とは，記号と記号の使用者との関係を研究するもので，会計学では，会計情報がその利用者の意思決定活動にどのような影響を及ぼすか等を意味する。

船本 (1989) によると，SFAC 第2号の提示している会計情報の有用性の基本的特性の目的適合性は，語用論的特徴を有し，また信頼性の基本的構成要素の一つである表現的忠実性は意味論的特徴を有するといえる。

この意味論的特徴と語用論的特徴とは密接に関わっていると思われる。なぜならば，会計情報を利用する投資者等は，その会計情報から企業に関する経済的実体をできるだけ入手し合理的に意思決定すると考えられるからである。その意味で会計情報利用者は，会計情報からその経済事象を意味論的に読みとり語用論的に意思決定しているといえる。

アメリカでは1968年の Ball and Brown の実証研究以来，今日まで様々な会計情報の有用性（情報内容または情報効果）の存否の実証研究がなされてきている。その中で，これまでの取得原価会計情報の有用性は否定されることなく肯定されてきた。これは，前述のように会計記録に重点を置く視点から主に取り上げられている取得原価主義会計が会計情報利用者に有用であるという，会

計報告書に重点を置く視点からも支持されていることを意味する。その理由の一つとして考えられるのは、前述のように会計記録から会計情報利用者は、経済事象を読み取り意思決定しているということである。

しかしながら、さらに会計記録の目的適合性を追求すると、会計記録には会計報告書にはない情報内容があるといえる。すなわち、事象理論のエッセンスである「抽象化による情報ロス」を前提に考えると、会計記録から作成される会計報告書には、会計記録の段階で有していた情報内容がある程度失われている可能性がある。その失われた情報内容の分だけ、会計記録には会計報告書にはない有用な情報内容があることになる。

第4節　事象理論とウェブベース会計情報

会計情報利用者に提供される情報内容の抽象化の情報ロスをできるだけ防ぐ方法としては、事象理論で唱えられているように、集計される以前の会計記録に示されるようなできるだけ生の会計データに近いものを提供することがよいかと思われる。しかしながら、従来、そのような集計される以前の会計記録が会計情報利用者に提供されることはなかった。というのは、そこに膨大な情報コストが想像されることと、それを利用する会計情報利用者に情報過多の問題を生じる恐れがあるからである。しかしながら、今日のIT（情報技術）の開発と共にその従来の問題の垣根が徐々に低くなりつつある。例えば、そのような例として、ウェブベースの事業報告が考えられるであろう。

このウェブベースの会計情報は、従来の紙ベースの会計情報が有している会計情報作成及び伝達費用の膨大さを克服するのに有用である。記虎（2001）が述べているように、ウェブベース会計情報には次のような利点が考えられる。

（1）　ウェブベース会計情報には、開示される情報の量に制約がなく、また様々なプレゼンテーション機能を利用できるので、より集約されていないデータを含む、多様かつ詳細な情報を開示できる。

（2）　ウェブベース会計情報においては、事象の発生にほぼ即応してデータ

第4節　事象理論とウェブベース会計情報

ベースを更新するとともに、ウェブサイト上においてもその内容をほぼ即時的にかつ継続的に掲載することができる。

（3）ウェブベース会計情報においては、利用者自らがインテリジェント・エージェントや企業の会計担当者の支援を得ることによって、報告書の設計により関与することができる[6]。

記虎（2001）によると、これまでの従来の会計情報のコミュニケーション過程は、企業から利用者に向けた一方的なコミュニケーションであり、企業の会計担当者（最終的には経営者）が集約されていない生のデータを集約および評価することによって報告書の設計に深く関与する一方で、利用者は報告書の設計にあまり関与することができなかった。すなわち、従来の会計情報は、広く利用者一般に向けた情報開示がおこなわれるのみであったといえる。かくてこれまで述べてきたように、従来の会計情報は、集計されることによってあまり意味論的な内容が無いものであったといえる。

一方、記虎（2001）によると、ウェブベースの会計情報は、企業と情報利用者との間の相互的なコミュニケーションを可能にする。すなわち、ウェブベース会計情報においては、企業の会計担当者（最終的には経営者）は、より集約されていない会計記録のようなデータを提供し、会計情報利用者が自らインテリジェント・エージェントや企業の会計担当者の支援を得ることによってかようなデータを集約および評価し報告書の設計により関与することができるようになる。ゆえに、記虎（2001）が述べているように、ウェブベース会計情報においては、個々の利用者に的を絞った、いわば利用者ごとにカスタマイズされた情報開示をおこなうことができる[7]。それは、会計情報利用者が自ら必要な会計報告書を作成することができるのみならず、さらに付け加えるならば、より集計される以前の会計記録に近い生のデータを見ることによって、会計情報利用者は、より意味論的な内容を見ることが可能になるといえる。また、会計情報の電子化によってタイムリー・ディスクロージャー制度がさらに発展すれば、よりタイムリーな取得原価会計情報が、投資者に入手できることになる。その意味でも、取得原価会計情報は目的適合性を有するといえよう。

下記の図15は，会計情報の報告書への，会計担当者と会計情報利用者の関与の度合いについて表している。図15からわかるように，従来の財務報告からウェブベースの会計情報へ移行する中で，企業の会計担当者の会計報告書への関与はより低くなる一方，会計情報利用者の会計報告書への関与はより高くなっている。

いずれにせよ，ウェブベースの会計情報は，一部の会計情報利用者だけでなく会計情報利用者全般に利用することができるので，相互的なコミュニケーションが強化されたといえよう。

なお記虎（2001）も述べているように，かような企業と会計情報利用者の相互的なコミュニケーションは，企業と一部の会計情報利用者との間ではかねてからおこなわれており，それ自体は決して新しいものではない。そのような例として，証券アナリストや機関投資家などの一部の会計情報利用者は，電話会談やスモールミーティングなどを通じて，企業との相互的なコミュニケーションをかさねておこなっている。さらに，証券アナリストや機関投資家などのオピニオン・リーダーは，企業から入手した情報をもとに独自の会計情報を作成

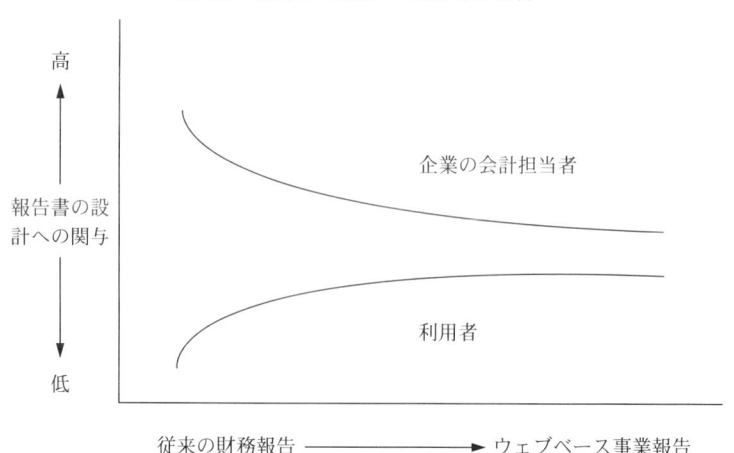

図15　報告書の設計への関与の度合い

（出典：Trires, 1999, p. 63, 一部修正）

し，他のナイーブな投資者たちなどにそれを提供し，その意思決定に多大な影響を有している[8]。

第5節　内部情報と財務分析の方向性

　ウェブベースの会計情報が一般の投資者に利用できるようになると，これまで内部情報としてディスクロージャーされて来なかった非財務情報が多く入手できるようになる可能性が高い。そのような情報として，決算報告書に集計する以前の会計記録も含まれるであろう[9]。

　会計記録が入手できるようになると，一般の投資者は，それをもとに自らその目的に適合するように会計記録を集計し，会計情報を作成することができるのみならず，会計記録そのものから多くの意味論的な情報内容をよりタイムリーに得ることができると考えられる。

　確かに時価情報は，インフレーションや技術革新時に，集計レベルにおいて意味論的内容を有するように作用することが，船本（1991）が述べていることから明らかである（いわゆる統合のケースではそのように考えられる）。しかし，そこでの意味論的内容は，「実現される以前の仮に今の価格で表すとしたならば」といった内容であり，実際に行われている企業行動を意味論的に観察可能にしているのではない。その意味で，それは多分に推論語に近いものと考えられる。しかし，会計記録を通して取得原価会計情報から得られる内容は，現実におこなわれている企業の行動を明確に表したものであり，そこには実際の観察に近い意味論的内容を知ることになる。このような会計記録の会計情報がすべて，投資者にとって目的適合的とはいえないものの，その中に，今までは入手できなかった（または曖昧であった）ものも含まれており，それをもとに新しい企業の財務分析の方向性が見えてくるのではないだろうか。

　ここでは，取得原価会計情報の有用性の今後のゆくえを推測してみた。その場合，事象理論が，取得原価会計情報に新たな光をさしかけると考えられる。この事象理論は，従来の経済環境の中では非現実的なものとして，あまり重要

視されずに来た。しかしながら，今日の IT（情報技術）の発達とともに，これまで情報コストの面で，また情報の過剰の問題からも否定されていた生のデータまたはそれに近い会計記録が，ウェブベース会計情報として一般の投資者に利用されるようになってきた。このことから，事象理論で示唆されるように，ウェブベース会計情報の今後の進展によっては，それが多種多様な情報利用者に生のデータまたは集計されていない会計記録を提供することによって，それぞれの目的に合わせた集計を可能にする方向に向かうであろう。また他面では，多種多様な情報利用者はその生のデータや会計記録を集計せずに，そこから，企業の行動を明確に観察することも可能になると考えられる。ここに新たな取得原価会計情報の有用性の可能性が見えてくるのである。

〔注〕
（1） 船本（1989）では，出力基準とは別に，入出力基準についても説明がなされている。入出力基準とは，送り状や領収書等の証憑書類など会計の前段階における原始資料の流れも会計情報の流れとみなすこと意味する。
（2） 会計情報の送り手として，船本（1989）では，「アカウンタント」と規定しているが，ここでは，企業のアカウンタントとして経営者を想定している。経営者は，直接ではないが，会計情報を作成する作業の中で，その最終的な内容を決める意思決定を有すると解されるからである。
（3） 船本（1989）が述べているように，そのような問題として特に，送り手も受け手と同様に，ある特定の社会，ある特定の企業，あるいはその他諸々の公式的または非公式的組織に属する社会的経済的構成員である点があげられるからである。
（4） キャッシュ・フロー計算書のフロー報告書項目も観察語に相当する簿記用語であると思われる。
（5） 日本では EDINET が開示書類の種類毎に順次実施されてきており，平成13年6月に有価証券報告書，半期報告書等について，平成14年6月に有価証券届出書，発行登録書等について，平成15年6月には大量保有報告書等について，それぞれ電子化が可能となるよう，関係法令等の整備及びシステム構築が取り組まれてきた。
（6） 記虎（2001）が述べているように，ウェブベースの会計情報の有用性は，あくまでもインテリジェント・エージェント，ブラウザソフト，およびメールソフトなどソフトウエアを利用できることを前提としている。したがって，このような前提を満たし

得ない利用者の情報ニーズは依然として対応できない。
（7）　藤野（2003）によると，財務・会計分野に関するデータの標準化をおこなうためのコンピュータ言語として XBRL（eXtensible Business Reporting Language）がある。これによって，財務情報の提供者と利用者は，財務情報の作成・流通・再利用のためのコストを削減され，正確な財務情報がよりスピーディーに利用できるようになると期待される。
（8）　アメリカではレギュレーション FD によって，重要な情報に関しては，選択的情報開示を禁止することになった。ゆえに，証券アナリストや機関投資家などは，重要な情報を早期に入手することによる利点を活かせなくなったといえる。しかしながら，本来，入手できる情報は情報利用者間で公平でなければならず，その分析能力が長けていることで，証券アナリストなどのオピニオン・リーダーは，ナイーブな投資者に影響力を有するべきであるといえよう。
（9）　会計記録のすべてが開示されることは難しいと思われる。あくまでも，経営者の裁量のもとで，可能な範囲内のもとでおこなわれると考えられる。この点について湯浦（2004）は，「企業の内部では，取引情報や総勘定元帳の情報を企業管理の面で最も扱いやすいデータ構造で保持し，その中で開示すべき情報の範囲を選べばよい。インターネットのセキュリティ機能を用いれば，特定の金融機関，投資家や取引先だけに情報を開示する設定も可能であり，提出先ごとに異なる形式の書類をわざわざ作成する必要はなくなる。法律的な手続のための文書という面での形態は残るであろうが，経済活動のための情報という面では，文書の記述ではなくデータの記述に移行すると予想される。」（湯浦，2004，p.185）と述べている。

結 び

　本書では，経営者利益予測情報が他の情報に比べて，年次決算利益情報を予測するより正確な情報であり，その有用性は高いことを示唆している。しかしながら，日本では上場企業においてある意味で強制開示されているものの，アメリカでは未だに強制開示には至っていない。

　アメリカにおいて経営者利益予測情報は，強制開示ではないものの，レギュレーションFD施行後，より多くの企業で開示されるようになった。しかしながら，それとともに証券市場に伝達される情報内容は減少し，経営者利益予測情報の正確性も減退してきたようである。それは，証券アナリストの利益予測が，レギュレーションFD施行前に比べその施行後で，その正確性が減少したことによるといえる。

　その理由として，経営者による経営者利益予測への恣意性の介入が大きいと考えられる。この恣意性をなるべく排除する試みとして，本書ではBox and Jenkins (1976) の時系列モデルを導入した適応期待モデルを提唱し，さらに強制開示の必要性を示している。一方，経営者利益予測情報が，実際の年次決算利益と乖離する可能性が高いとき，経営者は恣意性を介入して年次決算利益そのものを経営者利益予測情報に合わせる傾向が見られるが，そのような試みも，経営者利益予測情報の予測が精緻化することによって恣意性を介入する必要性が幾分か失われると思われる。かくて，本書の前半では，とりわけ経営者利益予測情報の有用性とその強制開示について井上（達）(1998) 理論を踏襲して展開している。

　それでは，経営者利益予測情報といった場合，利益として何が一番，投資者に有用性が高いかということになるが，本書での後半の試みとして，Hayakawa

(1978) の抽象のハシゴを会計学に導入した船本 (1997) のアプローチから考察している。株価を使用した実証研究では，Cheng et al. (1993) に見られるように，相対的情報内容の実証研究から，包括利益よりも純利益がより相対的に情報内容をより多く有していることが明らかになっている。この関係を，船本 (1997) のアプローチを延長して考察すると理論的に説明することが可能になる。それでは包括利益は無用の長物なのであろうか。この点については，Kanagaretnum et al. (2005) の実証研究によっても明らかなように，包括利益には，純利益には無い増分情報内容（この場合，その他の包括利益であるキャッシュ・フロー・ヘッジのためのデリバティブの評価損益に増分情報内容があることを検証している）を有している可能性が高い。

　利益間の相対的情報内容ならば，株価を使用した大日方 (2003) の実証研究でも，営業利益が経常利益より，経常利益が純利益より相対的情報内容がより多いことが見られる。しかしながら，この実証研究から，営業利益が相対的情報内容がより高いことから，他の利益が不必要であるという結論には至らない。なぜならば，経常利益には営業利益には無い増分情報内容があり，純利益には経常利益や営業利益にはない増分情報内容があると考えられるからである。その一つの例として，のれんをあげることができるであろう。

　さすれば，Cheng et al. (1993) の実証研究で，たとえ相対的情報内容で包括利益よりも純利益がより大きいといった関係であるとはいえ，Kanagaretnum et al. (2005) の実証研究に見られるように，包括利益に純利益には無い，増分情報内容があるならば（その他の例として包括利益をもとに計算されるのれんが考えられる），包括利益の予測情報の有用性を指摘できる。また，包括利益の予測の場合，純利益の予測に比べて，経営者の恣意性が介入し難いと考えられることも，その有用性として付け加えたいと思う。先述のように，IASB やFASB では，収益・費用アプローチから資産・負債アプローチへの移行に伴い，純利益を損益計算書から廃止する方向に向かっている。それでは，純利益に代表される取得原価会計情報の有用性は今後どうなるのであろうか。本書では最後に，取得原価会計情報の有用性の一つの活路として，事象理論で考えられる

ウェブ・ベースでの，原データに近い，取引記録に，意味論的な情報内容があることにその有用性を見出している。

参　考　文　献

I　和　書　文　献

飯野利夫『財務会計論』同文舘，1977年.

井尻雄士「アメリカ会計の発展事情—政治のなかでそだつ会計の道」『企業会計』第35巻第11号，1983年，pp. 64-71.

伊藤邦雄「インサイダー取引とディスクロージャー（上）」『旬刊商事法務』第1167号，1989年a, pp. 13-17.

─────「インサイダー取引とディスクロージャー（下）」『旬刊商事法務』第1168号，1989年b, pp. 16-19.

─────『ゼミナール現代会計入門　第6版』日本経済新聞社，2006年.

井上達男「会計数値に基づく企業価値の実証研究—東証一部上場三月決算企業を対象として—」『會計』第153巻第6号，1998年，pp. 878-890.

井上良二『財務会計論』新世社，1995年.

─────「アーティキュレーション論」日本会計研究学会スタディ・グループ，1997年 pp. 27-37.

─────「市場とディスクロージャー」『企業会計』第50巻第1号，1998年，pp. 43-49.

─────編著『財務会計の進展』税務経理協会，1999年.

─────『財務会計論』税務経理協会，2003年.

上田　泰『個人と集団の意思決定—人間の情報処理と判断ヒューリスティックス—』文眞堂，1997年.

浦崎直浩「予測財務情報の実態分析」古賀智敏編著『予測財務情報論』第15章，1995年，pp. 169-186.

太田　亘「インサイダー取引規制」三輪芳朗・神田秀樹・柳川範之編『会社法の経済学』第11章，1998年，pp. 345-364.

尾崎安央「アメリカ連邦証券法規制におけるMD＆A制度の生成：経営者による財務状況と経営成果に関する討議・分析情報の開示」『早稲田法学』第77巻第3号，2002年，pp. 19-53.

大日方　隆「利益，損失および純資産簿価情報のRelevance」『経済学論集』第69巻第1号，2003年，pp. 2-57.

参 考 文 献

改訂増補版哲学辞典編集委員会『哲学辞典』平凡社，1971年.
加藤英明『行動ファイナンス―理論と実証―』朝倉書店，2003年.
記虎優子「財務報告における情報過多に関する一考察」『関西学院商学研究』第48号，2001年，pp.21-47.
―――『会計情報のディスクロジャー論』同文舘，2005年.
孔　炳龍「アメリカセグメント会計情報の構造的分析―増分情報内容の検討を中心として―」『経理研究』第37号，1993，pp.75-83.
―――「アメリカキャッシュ・フロー会計情報の構造的分析―増分情報内容の検討を中心として」『小樽女子短期大学研究紀要』第23号，1994年，pp.313-329.
―――「アメリカキャッシュ・フロー会計情報の構造的分析―SFAS第95号の増分情報内容の検討を中心として―」『小樽女子短期大学研究紀要』第27号，1998年，pp.117-137.
―――「情報会計論と社会的選択論」井上良二編著『財務会計の進展』第14章，税務経理協会，1999年，pp.198-209.
―――「会計情報の有用性―区別報告について―」『経理研究』第43号，2000年，pp.73-79.
後藤雅敏『会計と予測情報』中央経済社，1997年.
佐々木宏夫『情報の経済学―不確実性と不完全情報―』日本評論社，1991年.
佐伯　胖『「きめ方」の論理　社会的決定理論への招待』東京大学出版会，1980年.
斎藤静樹『詳解討議資料　財務会計の概念フレームワーク』中央経済社，2005年.
桜井久勝「年次会計利益情報の潜在的有用性と現実的有用性―東証第一部市場の効率性検定―」『国民経済雑誌』第154巻第5号，1986年.
―――『会計利益情報の有用性』千倉書房，1991年.
澁谷　覚「オピニオン・リーダーシップと個人的影響―オピニオン・リーダーシップに対するプロセス・アプローチの視点―」『新潟大学経済論集』第74号，2003年，pp.73-90.
須田一幸「ファイナンス理論と会計利益」『企業会計』Vol.55, No.9, 2003年，pp.32-42.
醍醐　聡『日本の企業会計』東京大学出版会，1990年.
田崎篤郎「初期の代表的研究」田崎篤郎・児島和人編著『マス・コミュニケーション効果研究の展開』第2章，北樹出版，2003年.
田村篤士・近藤明日香「欧米，純利益廃止で合意」『日本経済新聞』，2006年11月16日，17面.
日本証券経済研究所編『現代証券事典』日本経済新聞社，1981年.

長谷川茂「非財務諸表情報と会計」『會計』第161巻第5号, 2002年, pp. 124-135.
平松一夫「米国企業の年次報告書簡素化動向」『商学論究』第33巻第1号, 1985年, pp. 123-137.
藤野美樹「XBRLで経理業務はどう変わる？」『経理情報』No. 1017, 2003年, pp. 74-77.
船本修三『会計情報論の基礎』中央経済社, 1989年.
――――『簿記基礎論　会計・情報・コミュニケーション』法政出版, 1991年.
――――『会計基礎論』中央経済社, 1997年.
古市峰子「非会計情報の開示の意義と開示規制のあり方」『IMES　Discussion Paper Series No. 2002-J-38』日本銀行金融研究所, 2002年.
松尾聿正『会計情報のディスクロジャーの理論と実態』, 中央経済社, 1990年.
三浦　敬「会計情報のディスクロジャーの差別化」『企業会計』第42巻第12号, 1990年, pp. 123-128.
向山敦夫「財務会計と社会的機能」井上良二編著『財務会計の進展』第2章, 税務経理協会 1999年, pp. 16-31.
湯浅由一「日本の株式市場についての実証分析―近年における「外国人」の投資行動―」『駿河台経済論集』第11巻第2号, 2002年, pp. 37-53.
湯浦克彦『XML技術とXBRLデータ標準を用いたインターネット財務情報システム』ソフト・リサーチ・センター, 2004年.

II　洋　書　文　献

The Advisory Committee on Corporate Disclosure, *Report of the Advisory Committee on Corporate to the Securities and Exchange Commission*, U. S. Government Printing Office, 1977.

Agarwal, A., and Chadha. S., "Who Is Afraid of Reg FD ? The Behavior and Performance of Sell-Side Analysts Following the SEC' Fair Disclosure Rules," Working Paper, University of Alabama, 2002.

AICPA, *Report of the Committee on Accounting Standards Overload* (New York, N. Y. : AICPA, 1983)

Albrecht, William Steve, Orace Johnson, Larry L. Lookabill, and David J. H. Watson, "A Comparison of the Accuracy of Corporate and Security Analysts' Forecasts of Earnings : A Coment," *The Accounting Review*, Vol. 52, No. 3 (July 1977), pp. 736-40.

Alexander, S. S., "Price Movements in Speculative Markets : Trends or Random Walk," *Industrial Management Review*, Vol. 2, May 1961, pp. 7-26.

American Accounting Association, "A Tentative Statement of Accounting Principles Affecting Corporate Reports," *The Accounting Review*, Vol. 11, No. 2, (June 1936), pp. 187-191.

─────(Committee to Prepare A Statement of Basic Accounting Theory), *A Statement on Basic Accounting Theory*, Evanston, American Accounting Association, 1966. 飯野利夫訳『基礎的会計理論』国元書房, 1969 年.

Atiase, R., K., "Predisclosure Informational Asymmetries, Firm Capitalization, Financial Reports, and Security Price Behavior," Ph. D dissertation, University of California, Berkeley, 1980.

───── Linda S. Bamber, and Robert N.Freeman, "Accounting Disclosure Based on Company Size : Regulations and Capital Markets Evidence," *Accounting Horizons* Vol. 2, No. 1, (March 1988), pp. 18-25.

Arrow, K. J., *Social Choice and Individual Values*, Cowels Foundation Monograph. New York : John Wiley, 1963.

Ball, R. J. and P. Brown, "An Empirical Evaluation of Accounting Income Numbers," *Journal of Accounting Research*, Vol. 6, No. 2(Autumn 1968), pp. 159-178.

Banz, R, "The Relationship between Return and Market Value of Common Stocks," *Journal of Financial Economics*, Vol. 9, No. 1, 1981, pp. 3-18.

Bar-Hillel, M., "On the Subjective Probability of Compound Events," *Orgamaizational Behavior and Human Performance*, No. 9, 1973, pp. 396-406.

Barth, M, E., Beaver W. H. and W. R. Landsman., "Relative Valuation Roles of Equity Book Value and Net Income as a Function of Financial Health," *Journal of Accounting and Economics*, Vol. 25, 1998, pp. 1-34.

Basi, Bart A, Kenneth J. Carey and Richard D. Twark, "A Comparison of the Accuracy of Corporate and Security Analysts' Forecasts of Earnings," *The Accounting Review*, Vol. 51, No. 2 (April 1976) pp. 244-54.

Basu, S., "Investment Performance of Common Stocks in Relation to their Price-Earnings Ratio : A Test of the Efficient Market Hypothesis, *Journal of Finance*, Vol. 32, No. 3, (June, 1977) pp. 663-682.

Beaver, William H., "The Information Contents of Annual Earnings Announcements," *Journal of Accounting Research*, Vol. 6 (Supplemnt1968), pp. 67-92.

─────"Market Efficiency," *The Accounting Review* Vol. 56, No. 1, (January 1981a), pp. 23-37.

参 考 文 献 　　*179*

────── *Financial Reporting* : An Accounting Revolution, Prentice-Hall, Inc, 1981b. 伊藤邦雄訳『財務報告革命』白桃書房, 1986年.

────── and James Manegold, "The Association between Market-Determined and Accounting-Determined of Systematic Risk : Some Further Evidence," *Journal of Financial and Quantitative Analysis*, Vol. 10, No. 2 (June 1975), pp. 231-284.

Benston, George J., "Required Disclosure and the Stock Market : An Evaluation of the Securities Exchange Act of 1934," *The American Economic Review*, Vol. 63, No. 1, March 1973, pp. 132-155.

Bernstein L. Peter, *Capital Ideas* : The Improbable Origins of Modern Wall Street, 1992. 青山護・山口勝業訳『証券投資の思想革命』東洋経済新報社, 1993年.

Biddle C Gray, Gim S. Seow, and Andrew F. Siegel., "Relative versus Incremental Information Content" *Contemporary Accounting Research* Vol. 12 No. 1-I Summer 1995, pp. 1-23.

Box, George E. P. and Gwilym M. Jenkins, *Time Series Analysis : Forecast and Control*, Revised Edition, Holden-Day, Oakland, CA, 1976.

Brown, P., A. W. Kleidon and Marsh, T. A., "New Evidence on the Nature of Size-Related Anomalies in Stock Prices," *Journal of Financial Economics*, Vol. 12, No. 1, 1983, pp. 33-56.

Brown Stephen, Stephen A. Hillegeist, Kin Lo., "Management Forecasts and Litigation Risk," Working Paper, Northwestern University, October 2004.

Chan, K., L. K. C. Chan, N. Jegadeesh, and J. Lakonishok., "Earnings Quality and Stock Return : The Evidence from Accruals," Working Paper, National Taiwan University and University of Illinois at Urbana-Champaign, 2001.

Cheng Agnes C. S,, Joseph K. Cheung, and V. Gopalakrishnan, "On the Usefulness of Operating Income, Net Income and Comprehensive Income in Explaining Security Returns," *Accounting and Business Research*, Vol. 23, No. 91, Summer 1993, pp. 195-203.

Collins, D. W. Maydew, E. L. and I. S. Weiss., "Changes in The Value-Relevance of Earnings and Book Values over the Past Forty Years," *Journal of Accounting and Economics*, Vol. 24, 1997, pp. 39-67.

Dhaliwal Dan, K. R. Subramanyam, and Robert Trezevant, "Is Comprehensive Income Superior to Net Income as a Measure of Firm Performance?," *Journal of Accounting and Economics*, Vol. 26, Nos. 1-3, January 1999, pp. 43-67.

Easterbrook H. F., "Insider Trading as an Agency Problem" in John W. Rratt and Richard J. Zeckhauser eds, *Principals and Agents* : The Structure of Business, Harvard

Business School Press, 1985, pp. 81-100.

Edwards, E. O. and P. W. Bell, *The Theory and Measurement of Business Income*, University of California Press, 1961, 伏見多美雄・藤森三男訳『意思決定と利潤計算』日本生産性本部, 1964 年.

Eleswarapu, V. R., R. Thompson, and K. Venkataraman, "The Impact of Regulation Fair Disclosure : Trading Costs and Information Asysmmetry" Working Paper, Southern Methodist University, 2001.

Fama, E F, "The Behavior of Stock Market Prices," *Journal of Business*, Vol.38 (January 1965), pp. 34-105.

――――"Efficient Capital Market : A Review of Theory and Empirical Work," *Journal of Finance*, (May 1970), pp. 383-417.

―――― and M.Blume, "Filter Rules and Stock-Market Trading," *Journal of Business*, January 1966, pp. 226-241.

――――,L. Fisher, M. C. Jensen and R.Richard, "The Adjustment of Stock Prices to New Information," *International Economic Review*, Vol. 10 (Feburary 1969). pp. 1-21.

Feigen B. Aaron, and Don Christensen, Investing with the Insiders-Legally, Simon & Schster, Inc, 1988. 三原淳雄訳『合法的インサイダー投資法』東洋経済新報社, 1988 年.

Financial Accounting Standards Boad, *Statement of Financial Accounting Standards No. 21 : Suspension of the Reporting of Earnings per Share and Segment Information by Nonpublic Enterprises-an amendment of APB Opinion No. 15 and FASB Statement No. 14*, April 1978.

――――,*Statement of Financial Accounting Standards No. 33 : Financial Reporting and Changing Prices*, September 1979.

――――,"*Statement of Financial Accounting Concepts No. 2 : Qualitative Characteristics of Accounting Information*," Financial Accounting Standards Boards, May 1980. 平松一夫・広瀬義州訳『FASB 財務会計の諸概念』中央経済社, 1988 年.

――――,*Statement of Financial Accounting Standards No. 69 : Disclosures about Oil and Gas Producing Activities-an amendment of FASB Statements 19, 25, 33, and 39*, November 1982.

――――, *Statement of Financial Accounting Standards No. 130 : Reporting Comprehensive Income*. Financial Accounting Standards Board, Norwalk, CT, 1997.

Foster, George., "Stock Market Reaction to Estimates of Earnings per Share by Company Officials," *Journal of Accounting Research*, (Spring 1973), pp. 25-36.

Friedman, M., *Essays in Positive Economics*, Chicago : University of Chicago Press, 1953.
Gadarowski, C., and P. Sinha, "On the Efficacy of Regulation Fair Disclosure : Theory & Evidence" Working Paper, Cornell University, 2002.
Glutekin, M. N. and Glutekin, N. B, "Stock Market Seasonality : International Evidence," *Journal of Financial Economics*, Vol. 12, 1983, pp. 469-481.
Granger, C. W. and O. Morgenstern, "Spectal Analysis of New York Stock Market Prices," *Kyklos*, 1963.
Grant, E. B, "Interim Information and the Information Content of Annual Earnings Announcements," Ph, D, Disssertation, Michigan State University, University Microfilms, International, 1977.
Hayakawa. S. I., *Language in Thought and Action, Fourth Edition*, Jovanovich, Inc, 1978. 大久保忠利訳『思考と行動における言語 原書第4版』岩波書店, 1985.
Heflin, F., H. R. Subramanyam, and Y. Zhang, "Regulation FD and the Financial Information Evironment : Early Evidence," *The Accounting Review*, Vol .78, No. 1, 2003 ,pp. 1-37.
Hempel Carl G, *Philosophy of Natural Science*, Prentice-Hall,1 966.
Hopwood , W and James C. McKeown, "The Incremental Informational Content of Interim Expenses over Interim Sales," *Journal of Accounting Research*,Vol. 23, No .1, Spring 1985, pp. 161-174.
Hutton, Amy P., Gregory S. Miller, Douglas J. Skinner, "Effective Voluntary Disclosure," Working Paper, Harvard Business School, July 2000.
Imhoff, Eugene A.,Jr.,"The Representativeness of Management Earnings Forecasts," *The Accounting Review*,Vol. 53, No. 4 (October 1978), pp. 836-850.
Jaffe, J. F., "Special Information and Insider Trading" *Journal of Business*, Vol. 47 (July 1974), pp.410-428.
Jaggi, Bikki., "Further Evidence on The Accuracy of Management Forecasts Vis-à-vis Analysts' Forecasts," *The Accounting Review*, Vol. 55, No. 1 (January 1980), pp. 96-101. (1980)
Johnson, Orace, "Toward an 'Events' Theory of Accounting," *The Accounting Review*, Vol. 45, No. 4, (October 1970).
Kahneman, D., and Tversky, A., "Prospect Theory : An Analysis of Decision under Risk," *Econometrica*, Vol. 47, No. 2, (March 1979), pp. 263-291.
Kanagaretnam, K., R. Mathieu, and M. Shehata,"Usefulness of Comprehensive Income Reporting in Canada : Evidence from Adoption of SFAS 130", Working Paper, 2005.
Kaplan, Abraham, *The Conduct of Inqiry*, Chandler Harper & Row, Publishers, 1964.

Kelly Lauren, "The Development of a Positive Theory of Corporate Management's Role in External Financial Reporting," *Journal of Accounting Literature*, Vol. 2, 1983, pp. 111-149.

Kerstein, J and S, Kim., "The Incremental Information Content of Capital Expenditures", *The Accounting Review*, Vol. 70, No. 3, (July 1995), pp. 513-526.

Lakonishokand S. Smidt, "Are Seasonal Anomalies Real? A Ninety-Year Perspective," *Review of Financial Studies*, Vol. 1, No. 4, 1989, pp. 403-425.

―――― , J., A. Shleifer, and R. Vishny, "Contrarian Investment, Extrapolation, and Risk," *Journal of Finance*, Vol. 49, No. 5, 1994, pp. 1541-1578.

Lipe,R., "The Information Contained in the Components of Earnings", *Journal of Accounting Research*, Vol. 24, Supplement 1986, pp. 37-64.

Lintner, J., "The Valuation of Risk Assets and Selection of Risky Investments in Stock Portfolios and Capital Budgets," *Review of Economics and Statistics*, Vol. 47 (February 1965), pp. 13-37.

Mandelker, G., "Risk and Return : The Case of Merging Firms," *Journal Financial Economics*, (December 1974) pp. 303-335.

McNichols, Maureen, "Evidence of Informational Asymmetries From Management Earnings Forecasts and Stock Returns," *The Accounting Review*, Vol. 64, No. 1 (January 1989), pp. 1-27.

Mohanram, P. S., and Sunder S. V, "Has Regulation Fair Disclosure Affected Financial Analysts' Ability to Forecast Earnings," Working Paper, New York University, 2001.

Moore, Arnold B., *Some Characteristics of Changes in Common Stock Prices, in Paul H.Cootner, The Random Character of Stock Market Prices*, The M. I. T. Press, 1964.

Mossin Jan, "Equilibrium in a Capital Asset Market," *Econometrica*, Vol. 34, No. 4 (October 1966), pp. 768-783.

National Investor Relations Institute, "Earning Guidance" *Executive Alerts*, December 19, 2002.

―――― , "Is Earnings Guidance Disappearing in 2003?" *Coffin Communication Group*, June 23, 2003

Nichols, Donald R., and Jeffrey J. Tsay., "Security Price Reactions to Long-Range Executive Earnings Forecasts, " *Journal of Accounting Research*, Vol. 17, No. 1, (Spring 1979) pp. 140-55.

Nicholson, S. F., "Price-Earnings Ratios," *Financial Analysts Journal*, July/August, 1960, pp. 43-50.

O'Hanlon and Peter F. Pope, "The Value-Relevance of Dirty Surplus Accounting Flow," *British Accounting Review*, Vol. 31, No. 4, December 1999, pp. 459-482.

Ohlson, J. A., "Earnings, Book Values and Dividends in Equity Valuation," *Contemporary Accounting Research*, Vol. 11, Spring, 1995, pp. 661-687.

Patell M. James., "Corporate Forecasts of Earnings per Share and Stock Price Behavior: Empirical Tests," *Journal of Accounting Research*, Vol. 16, No. 2, (Autumn 1976), pp. 246-276.

Paton W. A. and A. C. Littleton, *An Intoroduction to Corporate Accounting Statements*, Published in 1940 by AAA.

Penman H. Stephen., "An Empirical Investigation of the Voluntary Disclosure of Corporate Earnings Forecasts," *Journal of Accounting Research*, Vol. 18, No. 1, (Spring 1980), pp. 132-160.

Popper, K. R., *The Poverty of Historicism*, Routledge & Kegan Paul, 1960.

Richardson, S. A., R. G. Slaon, M. Soliman, and A. I. Tuna, "Information in Accruals about the Quality of Earnings," Working Paper, University of Michigan, 2001.

Roy Ritendra, "Market Efficiency Effects of Regulation Fair Disclosure," The Leonard N. Stern School of Busineess, 2002.

Ruland, William., "The Accuracy of Forecasts by Management and by Financial Analysts," *The Accounting Review*, Vol. 53, No. 2 (April 1978), pp. 439-447.

Sanders, Thomas Henry, Henry Rand Hatfield, and Underhill Moore, *A Statement of Accounting Principles*, published in 1938 by AIA, reprinted in 1959, 1963 and 1968 by AAA.

Scholes, Myron S., "The Market for Securities:Substitution Versus Price Pressure and Effects of Information on Share Prices," *Journal of Business*, Vol. 45, (April 1972), pp. 179-211.

SEC, No.9844, November 1, 1972, 37Federal Register, 23850.

──── Securities Act Release No. 5362, February 2, 1973, 38Federal Register, 7220.

──── Securities Act Release No. 5581, April 25, 1975, 40Federal Register, 20316.

──── Securities Act Release No. 5699, April 23, 1976, 41Federal Register, 19986.

──── Securities Act Release No. 5906, Feburary 15, 1978a, Federal Securities, Law Reports, Commerce Clearing House, Inc., 1978, 80046.

──── Securities Act Release No.5992, November 15, 1978b, 43Federal Register, 53250.

──── Securities Act Release No.5993, November 15, 1978c, 43Federal Register, 53251.

──── , Release No. 33-6383 "Adoption of Integrated Disclosure System," *SEC Docket*, Vol. 24, No. 16, March 26, 1982.

────"Fact Sheet : Regulation Fair Disclosure and New Insider Trading Rules," August 10, 2000, available from.

Sen, A. K., Collective Choice and Social Welfare. San Francisco : Holden Day, 1970.

Sharpe F, William, "Capital Asset Prices : A Theory of Market Equilibrium under Condition of Risk," *Journal of Finance*, Vol. 19, No. 3 (September 1964), pp. 425-442.

──── *Investment, third edition*, Prentice-Hall International, Inc, 1985.

Siva, S and J, Weintrop., "The Information Content of Earnings, Revenues, and Expenses", *Journal of Accounting Research*, Vol. 29, No. 2, Autumn 1991, pp. 418-427.

Sloan, R. G., "Do Stock Prices Fully Reflect Information in Accruals and Cash Flows about Future Earnings," *The Accounting Review*, Vol. 71, No. 3, (July 1996) pp. 289-315.

Sommer, Jr., A. A., "The other side," *Financial Executive*, May 1974, pp. 36-40.

Sorter, G. H, " 'Events' Approach to Basic Accounting Theory," *The Accounting Review*, Vol. 44, No. 1, (January 1969), pp. 12-19.

Swaminathan Siva and Joseph Weintrop, "The Information Content of Earnings, Revenues, and Expenses," *Journal of Accounting Research*, Vol. 29, No. 2, Autumn 1991, pp. 418-427.

Trites, Gerald D., *The Impact of Technology on Financial and Business Reporting*, Canadian Institute of Chartered Accountants, 1999.

Wachtel, S. B., "Certain Observations on Seasonal Movement in Stock Prices," *Journal of Business*, Vol. 15, 1942, pp. 184-193.

Watts, Ross L. and Jerold Zimmerman, *Positive Accounting Theory*, Prentice-Hall, 1986.

Yu. S. C, *The Structure of Accounting Theory*, Gaineville, Florida : The University Press of Florida, 1976.

（判例）

In re Secure Computing Co. et al., SEC Release No. 34-46895, November 25, 2002.

In re Siebel Systems, Inc., SEC Release No. 34-46896, November 25, 2002.

In re Raytheon Co. et al., SEC Release No. 34-46897, November 25, 2002.

初 出 一 覧

序　章　書下し

第1章　「意思決定有用性会計と市場効率性―会計情報の有用性の検討を中心として―」『小樽女子短期大学研究紀要』第24号，1995年3月。
　　　　「会計情報の有用性の検証―企業規模の影響を中心として―」『経理研究』第42号，1998年11月。
　　　　「会計利益情報と株式市場のアノマリー：行動ファイナンスアプローチに対して」『駿河台経済論集』第14巻第1号，2004年9月。

第2章　「アメリカ会計情報のディスクロジャーの簡素化と拡大化―市場効率性の影響を中心として―」『経理研究』第45巻，2001年12月。

第3章　「インサイダー情報とディスクロージャー―公表のタイミングと強制開示について―」『小樽短期大学研究紀要』第30号，2001年3月。

第4章　「アメリカ経営者利益予測情報の有用性―強制開示に向けて―」『産業経理』第62巻第2号，2002年。
　　　　「レギュレーションFDと経営者予測情報の有用性―強制開示に向けて―」『経理研究』第50号，2007年3月。
　　　　「経営者利益予測情報の正確性―レギュレーションFDの影響について―」『駿河台経済論集』第16巻2号，2007年3月。

第5章　「会計利益とその構成要素の増分情報内容―事象理論からのアプローチ―」『経理研究』第46号，2002年11月。

第6章　「包括利益の有用性の存否―事象理論からのアプローチ―」『経理研究』第47号，2004年3月。
　　　　「会計利益情報の有用性の存否―のれんの情報内容について―」『経理研究』第48号，2005年3月。

第7章　「取得原価会計情報の有用性のゆくえ―事象理論からのアプローチ―」『経理研究』第49号，2006年1月。

結　び　書下し

索　引

あ　行

アドホックな命題･･････････････････････ 2
アナリストレポート･･････････････････ 29
アノマリー･･･････････････････ 11, 18, 20
アベラビリティ・
　ヒューリスティックス･････････ 23, 25
アメリカ証券取引所･･････････････････ 16
アレイのパラドックス･･･････････････ 21
アンカリング＆アジャストメント・
　ヒューリスティックス･･･ 23, 25, 26
意思決定有用性会計･･･････････････ 34
異常業績指数･･･････････････････････ 12
1月効果･････････････････････････ 18, 19
一般売上高･････････････････････････ 112
一般管理費･･････････ 107, 108, 113, 115,
　　　　　　　　　　120, 125, 127
意味論･･････････････････････････ 158, 163
意味論的内容････････････････････ 162, 167
インサイダー情報････････････ 36, 68, 69
インサイダー取引････････････ 55〜67, 75
インセンティブ････････････････････ 58
インディックスモデル･･････････ 79, 80
インフレ会計情報････････････････ 52
ウィーク・フォームの
　効率的市場仮説･･････････････････ 17
ウェブベース会計情報･･･ 8, 164, 165, 168
ウォールストリートジャーナル･････ 84
受取手形･･････････････････････ 110, 123
売上原価････････････････ 107, 108, 113,
　　　　　　120, 125, 127, 128, 136, 150
売上総利益･････ 107, 113, 115, 120, 125,
　　　　　　　　　127, 136, 150, 151
売上高 ････････････ 97, 107, 108, 120, 125,
　　　　　　　　127, 128, 136, 150, 160
売掛金･････ 108, 110, 120, 123, 136, 151
営業外収益････････････････････････ 112
営業外損益････････････････････････ 151
営業権･････････････････ 122, 123, 125, 152
営業収益･････････････････････････ 112
営業循環過程･･･････････････････････ 110
営業利益･･･････ 107, 136, 139, 140, 142,
　　　　　　　　　143, 150, 151, 172
エイジェンシーコスト････････････ 58, 68
エイジェンシー理論･･････････ 56, 57, 68
演繹的推論････････････････････････ 3
演繹法･･････････････････････････ 2, 4, 6
オピニオン・リーダー･･･ 29, 30, 36, 37,
　　　　　　　　　　　104, 166, 169
ROI ････････････････････････････ 11
ROE ････････････････････････････ 11
IASB ･･････････････････････ 152, 153, 172
aggregation ････････ 120〜122, 124,
　　　　　　　　　125, 136, 137, 152
ASOBAT･･････････････････････ 11, 162
Arrowの定理････････････････････ 94
EVA ･･････････････････････････ 11
EPS ･･････････････････････････ 82, 118
integration ･･････ 120〜122, 124, 125, 136,
　　　　　　　　　　　137, 152
Wilcoxon検定 ･･････････････････ 80, 103
API ････････････････････････････ 12〜14
SEC･････････････････････････ 49, 71, 74
SFAS 130号 ･･････････････ 129, 130, 133

SFAS 21 号 ················· 44
SFAS 33 号 ············· 39, 44
SFAS 69 号 ················· 44
SFAC 第 2 号 ·············· 163
S-3 ·························· 50
S-2 ·························· 50
XBRL ······················ 169
EDINET ···················· 168
NIRI ···················· 89, 96
NYSE ·················· 84, 89
FASB ··· 39, 42〜44, 129, 152, 153, 172
F 統計 ····················· 115
MD & A ············· 76, 77, 103
Overload Report ········ 41〜44
Ohlson（1995）モデル ····· 6, 146, 152

か 行

買入のれん ················ 136
外貨換算調整 ········ 127, 133, 136〜139, 150
買掛金 ····················· 123
回帰現象 ················ 24, 25
会計記録重点主義 ·········· 156
会計事象理論 ·············· 155
会計情報の市場の創設 ······ 93
会計情報のディスクロージャーの
　差別化 ··················· 53
会計発生高 ··············· 18, 19
会計ベータ値 ··············· 33
会計方針選択行動 ··········· 5
開示書類作成コスト ········ 40
ガイダンス ············· 73, 103
外部インサイダー ·········· 68
買持ち型戦略 ············ 17, 35
学習効果 ··················· 29

確率論的確証 ··············· 2
仮説演繹法 ················ 2〜6
価値関連性 ················· 6
割賦売上高 ················ 112
合併 ······················ 75
株価形成モデル ············ 146
株価収益効果 ··············· 18
株価収益率 ················· 11
株価説明力 ················ 148
株式の持合い ··············· 36
株式分割 ··················· 75
空売り ················ 20, 59, 68
空売り戦略 ················· 14
借入金 ·············· 108, 123, 128
カレント・コスト ·········· 159
為替換算調整勘定 ········ 128〜130
観察語 ················ 160, 168
機械モデル ················· 79
機関投資家 ················ 166
企業規模 ·············· 118, 120
記述理論 ··············· 2, 4, 5
基準率情報 ················· 23
基礎的会計理論 ············· 11
期待効用理論 ··············· 21
帰納的推論 ················· 3
帰納の方法 ················ 2, 6
帰納法 ·················· 2, 4, 6
規範的外部情報会計論 ······ 6
規範的財務会計論 ··········· 5
規範的制度会計論 ··········· 6
規範的理論 ················· 5
規範命題 ··················· 46
規範理論 ··············· 1, 2, 4
規模効果 ················ 18, 19
帰無仮説 ·········· 85, 115, 116, 143
逆機能化 ··················· 9

索　引

逆選択 ……………………… 58〜60
キャッシュ・フロー会計情報 …… 52, 53
キャッシュ・フロー計算書 …… 156, 157
給料 ……………………………… 160
強制開示 ……… 39, 46, 47, 67, 77, 81, 90,
　　　　　　　　95, 96, 104, 107, 171
グッドニューズ … 12, 13, 60〜62, 86, 105
区別報告 …………………………… 40, 46
クリーン・サープラス ……………… 146
繰延資産 …………………………… 110
繰延収益 …………………………… 128
繰延費用 …………………………… 128
経営者の会計行動 ………………… 64
経営者利益予測情報 …… 6, 7, 77, 78, 80,
　　　　81, 83, 87〜89, 91〜93, 95〜97, 99,
　　　　　　　　　　　　　107, 171
経験的テスト ……………………… 3
経済的帰結 ………………………… 5
経済的利益ベータ値 ……………… 33
計算犠牲性的項目 ………………… 128
経常利益 … 97, 107, 112, 136, 139〜142,
　　　　　　　　　　150, 151, 172
継続企業 …………………………… 161
結合 ………………………………… 159
決算短信 …………………………… 78, 97
決定係数 ……………………… 133, 135, 148
決定論的確証 ……………………… 2
決定論的仮説 ……………………… 2
限界のある合理性 ………………… 22
減価償却費 …… 107, 108, 113, 116, 120,
　　　　　　　　125, 127, 136, 150
減価償却前の営業利益 …………… 113
減価償却累計額 …………………… 160
現金 ……… 107, 110, 120, 127, 136, 151
現金売上 …………………………… 112
現金主義 …………………………… 44

原材料 ……………………………… 110
原始的過程レベル ………………… 109, 111
検証可能性 ………………………… 163
原子論的アプローチ …… 120, 125, 138,
　　　　　　　　　　139, 151, 152
公開買付 …………………………… 75
公債社債の満期利札 ……………… 112
合成 ………………………………… 159
厚生経済学 ………………………… 93
構成語 ……………………………… 160, 161
行動ファイナンス ……… 20, 22, 27, 28,
　　　　　　　　　　　　30, 36, 37
公平開示規制 ……………………… 73
公平性 ……………………… 64, 90, 95, 96
合法的インサイダー取引 ………… 57, 68
効率性 ……………………………… 64
効率的市場 ………………………… 63
効率的市場仮説 …………… 7, 10, 17, 36
合理的期待仮説 …………………… 21
合理的経済人 ……………………… 49, 68
合理的投資者 ……………… 27, 31, 32, 34
合理的な意思決定 ………………… 30
国際会計基準審議会 ……………… 152
コストとベネフィット …………… 40, 42
固定資産 …………………………… 110, 116
個別会計情報 ……………………… 147
コミュニケーションの
　2段階の流れ説 ………… 29, 30, 36, 37
コミュニケーション理論 ………… 28
語用論 ……………………………… 163
CAPM ……………………………… 18, 19
q レシオ …………………………… 11
Compustat ………………………… 117

さ 行

最小年金負債調整……… 127, 129, 133, 136〜139, 150
裁定取引…………………………… 27, 28
再評価剰余金……………………… 136
情報財……………………………… 91
産業効果…………………………… 143
三層登録届出様式………………… 50, 51
残余価格変化の二乗の平均……… 14
恣意性………… 99, 101, 106, 171, 172
シーベル・システムズ事件……… 105
仕入………………………………… 123, 160
仕掛品……………………………… 110
資金計算書………………………… 160
資源配分機能……………………… 7, 9, 10
自己資本純利益率………………… 33
資産………………………………… 128, 161
試算表……………………………… 155
資産・
　負債アプローチ…… 127, 128, 152, 172
事実解明的外部情報会計論……… 6
事実解明的財務会計論…………… 5
事実解明的制度会計論…………… 6
事実解明理論……………………… 2
市場期待の代替…………………… 15, 31
市場効率性………………………… 7, 56, 65
市場の効率性……………… 91, 93, 96
市場の失敗………………………… 104
市場ベータ値……………………… 32, 33
市場モデル………………………… 117
事象理論………… 7, 8, 108, 121, 138, 139, 141, 152, 153, 164, 167, 168, 172
事前開示情報内容………… 16, 116, 120
事前情報探索活動………………… 15

実現利益…………………………… 7
実際的有用性……………… 11, 12, 30, 36
実証理論…………………… 1, 2, 5, 6
実体……………………… 121, 137, 161
実体的裁量行動…………………… 64, 69
支払利息…………… 107, 108, 113, 114, 120, 127, 136, 151
四半期報告書……………………… 99
四半期利益期待モデル…………… 83
四半期利益情報…………………… 102
資本………………………………… 161
資本金……………………………… 108
資本資産価格モデル……………… 18
資本市場均衡モデル……………… 37
資本の支出……………… 116〜118, 120
社会的決定関数…………………… 94
社会的厚生………………………… 92
社会的選択………………………… 92
社会的ベネフィット……………… 92
社債償還…………………………… 160
シャドー・プライス……………… 69
収益…………………… 128, 153, 161
収益株価比率……………………… 33
収益・費用アプローチ…… 127, 128, 152, 172
修正現金主義……………………… 44
集中投資…………………………… 27
重要性……………………………… 161
主観のれん………………………… 153
出力基準…………………… 155, 157
取得原価会計情報………… 7, 152, 153, 161〜163, 167, 168, 172
取得原価主義……………………… 156
取得原価主義会計………… 156, 163
純売上高…………………………… 113
順機能……………………………… 9

純資産の簿価………………………… *147*
純資産簿価…………………… *148〜150*
純資本利益率………………………… *33*
純利益………………… *7, 97, 107, 108, 110*
純利益… *111〜114, 116〜118, 120〜125,*
　　　　　127, 129〜133, 135〜139, 141〜143,
　　　　　　　　145, 146, 150, 151, 172
純利益の構成要素…………………… *122*
ジョイント・ベンチャー…………… *75*
証券アナリスト……………………… *166*
証券アナリストの利益予測情報…… *80*
証券関係法改正法…………………… *46*
証券市場のアノマリー…………… *28, 30*
証券市場の市場の期待……………… *34*
証券私的訴訟改革法………… *73, 93, 95*
証憑書類……………………………… *155*
商品…………………………… *110, 122*
情報効果……… *6, 11, 39, 47, 82, 85, 163*
情報コスト…………………………… *58*
情報財………………………………… *93*
情報財市場…………………………… *96*
情報収集コスト……………………… *20*
情報内容…… *31, 122, 124, 125, 138, 145,*
　　　　　　　151, 163, 164, 171, 173
情報の非対称性…………… *58, 60, 91*
情報ロス……………………… *109, 155, 164*
将来異常利益の
　現在割引価値……………… *147〜150*
所得配分機能………………………… *9*
所得分配裁定機能…………………… *9*
情報効果……………………………… *16*
新古典派経済学……………………… *7*
新様式 10-K…………………… *50, 51*
信頼性………………… *102, 105, 156, 163*
推定パラメータ……………………… *101*
推論語………………………… *160, 161*

スクリーニング……………………… *58*
ストックオプション……………… *57, 60*
ストロング・フォームの
　効率的市場仮説……………… *17, 18*
正確性……………… *78, 79, 102, 106, 171*
正ののれん…………………………… *125*
製品…………………………… *110, 122*
税法基準……………………………… *44*
セーフ・ハーバー・
　ルール…………… *72, 73, 93, 95, 105*
積送品売上高………………………… *112*
セキュア・コンピューティング事件 *105*
セグメント会計情報……………… *52, 53*
絶対パーセンテージ誤差…………… *82*
説明理論……………………………… *4*
セミ・ストロング・フォームの
　効率的市場………………… *48, 130*
セミ・ストロング・フォームの
　効率的市場仮説… *12, 17, 18, 20, 28, 36*
セミ・ストロング・フォームの
　市場効率性…………… *10, 11, 40, 46, 47,*
　　　　　　　　　　　　49, 53, 56, 84
潜在的有用性………… *11, 14, 35, 36, 53*
全称命題……………………………… *3*
全米 IR ……………………………… *89*
選別的開示状況……………………… *90*
選別的情報開示…………… *89〜91, 96*
送金小切手…………………… *110, 112*
相対的情報内容……… *7, 136, 138〜143,*
　　　　　　　　　　　　150〜153, 172
その他の包括利益……… *129, 132, 133,*
　　　　　　　　　　　　　146, 151
損益計算書…… *107, 108, 110, 111, 121,*
　　124, 127, 128, 130, 131, 156, 160, 162
損益計算書勘定……………………… *112*
損失…………………………… *153, 161*

CRSP ································· 117
CAR································ 98, 117
GAAP ·························· 42〜44
Sharpe-Lintner-Mossin の
　CAPM ···················· 32, 37

た　行

ダーティ・サープラス項目… 128, 130, 131
貸借対照表…… 107, 108, 116, 120, 121,
　　　　　　　　124, 127, 130, 156
貸借対照表勘定························ 110
代替······································ 121
代表性ヒューリスティックス…… 23, 24
対立仮説································· 85
建物················ 107, 108, 120, 123,
　　　　　　　　127, 128, 136, 151
棚卸資産······························· 160
他人振出小切手··················· 110, 112
短期貸付金··························· 110
短期経営者利益予測情報··········· 81, 83
中間決算短信························· 99
抽象のハシゴ········ 109, 110, 121, 124,
　130, 131, 137〜140, 145, 150, 152, 172
中立性································· 163
短期経営者利益予測情報············· 81
長期経営者利益予測情報·········· 84, 85
調整剰余利益······················· 132
追加最小年金負債の過去勤務
　費用超過額····················· 129, 130
通貨代表証券························ 112
適応期待モデル····· 100〜102, 106, 171
適時性································· 163
同感···································· 94
当期業績主義························ 127
当期純利益··························· 140

統計的仮説検定························· 2
統合························· 120, 136, 159
統合開示制度·························· 49
当座資産······························· 110
当座預金······························· 123
投資顧問会社·························· 75
投資収益······························· 132
投資収益のボラティリティ········· 90
投資リスクから解放················ 153
投票行動··························· 29, 30
登録届出様式 S-1····················· 50
特称命題······························· 3
特別損益························· 145, 151
土地········ 107, 108, 120, 127, 136, 151
富の再配分···························· 93
取引コスト························ 20, 91
取引のランダム性····················· 27
ドリフト付ナイーブモデル········· 86
WSJ··································· 84
D 統計······························· 117

な　行

ナイーブな投資者·················· 48, 169
ナイーブモデル···················· 82, 106
内部情報······ 7, 17, 18, 30, 48, 55, 59, 60,
　62〜65, 67, 91, 99, 101, 102, 105, 107
二項検定······························· 115
入出力基準···························· 168
ニューヨーク証券取引所·········· 16, 84
任意開示······················ 39, 46, 47, 81
ノイズトレーダー····················· 29
のれん······ 122, 123, 125, 146〜148, 152,
　　　　　　　　　　　　153, 172
ノンパラメトリック検定············ 103

は行

買収	75
配当宣言	160
配当割引モデル	146
発行済普通株式	160
発生主義会計	48
バッドニュース	12〜14, 57, 86, 105
パレート原理	95
パレート最適	93〜95
判断ヒューリスティックス	22, 23, 25, 28
反転効果	36
反応係数	101
反応行動	5
販売費	108
販売費及び一般管理費	136, 150, 151
非オピニオン・リーダー	29
引当金	128
非効率的市場仮説	29
非合理的投資者	27, 30
非合理的な意思決定	30
非財務情報	39, 167
1株当たり経常利益	114
1株当たりの配当金	97
費用	128, 153, 161
表現的忠実性	163
ファンダメンタルズ	27, 28
ファンド・マネージャー	75
フィードバック価値	163
フィルター・ルール	17, 35, 36
負債	128, 161
普通株式の発行	160
普通株式配当	132
普通最小二乗法	33
物価変動会計情報	11
浮動株	36
不偏性	163
プロスペクト理論	20, 22, 28
分散投資	27, 32
分離効果	36
平均絶対パーセンテージ誤差	79, 82, 103
米国財務会計基準審議会	39
包括主義	128
包括利益	7, 107, 127〜133, 135〜141, 143, 145〜147, 150, 151, 153, 172
法人税	107, 113, 114, 125, 127
ポートフォリオ	32
ボーナス	57, 60
ボランティリティ	104
PER効果	18, 19
Form 8-K	74, 76, 89
Box and Jenkins (1976) の時系列モデル	99, 100, 102, 103, 106, 171

ま行

増分情報内容	52, 53, 108, 113〜116, 118, 120〜125, 127, 129〜131, 135〜137, 139〜141, 143, 145, 146, 151, 153, 172
増分説明力	149, 150
無形固定資産	122, 124
無形資産	146
目的適合性	156, 163〜165
持分比率	117
元帳	155
モニタリング	58
モラルハザード	58, 60, 67

や 行

有価証券·· *110*
有価証券の未実現評価損益 ······ *128, 129*
有価証券の未実現利得··· *127, 132, 133,*
$\qquad$ *135～139, 150*
有機論的アプローチ ············ *120, 124,*
$\qquad$ *125, 138, 139, 152*
有機論的解釈 ···································· *108*
郵便為替証書 ·························· *110, 112*
予測価値·· *163*
予測誤差······································ *98, 99*
予測偏差······································ *98, 99*

ら 行

ランダム・ウォークモデル ············ *118*
利益··· *153, 161*
利益期待モデル ························ *83, 86*
利害調整機能 ··· *9*
リスク愛好的 ······································ *22*
リスク回避的 ······························ *22, 59*
リスク志向的 ······································ *22*
リスク中立的 ······································ *59*
流動資産·· *110*
両側 t 検定 ·· *115*
両側有意性検定 ······························ *135*
量的表現可能性 ······························ *163*
理論語 ····································· *160, 161*
倫理性·· *95*
累計残差 ··· *98*
累積市場調整収益 ··························· *117*
零細投資者 ·· *64*
レイセオン事件 ······························ *105*
レギュレーション S-X ······················ *51*
レギュレーション FD ··· *73～76, 78, 87,*
$\qquad$ *89～92, 95, 96, 104, 169, 171*
レバレッジ ··· *68*
レファレンス・ポイント ·············· *22*
連結会計情報 ··································· *147*
連結調整勘定 ··································· *125*
ロビー活動 ·· *64*

著者紹介

孔　炳龍
Kou Heiryu

1987 年	中央大学商学部会計学科卒業 中央大学大学院商学研究科博士前期課程入学
1993 年	中央大学大学院商学研究科博士後期課程満期退学 小樽女子短期大学（1999 年〜小樽短期大学に校名変更）経営実務科専任講師・助教授を経て
2004 年	駿河台大学経済学部助教授
2006 年	駿河台大学経済学部教授

主要論文

「アメリカ経営者利益予測情報の有用性―強制開示に向けて―」『産業経理』第 62 巻第 2 号，2002 年。
「減損会計情報の有用性に関する一考察」『會計』第 171 巻第 4 号，2007 年。

経営者利益予測情報論
　―包括利益の有用性について―

2008 年 3 月 28 日　初版第 1 刷発行

著　者　ⓒ　孔（こう）　炳龍（へいりゅう）

発行者　　菅　田　直　文

発行所　有限会社　森山書店　〒101-0054　東京都千代田区神田錦町 1-10 林ビル
　　　　TEL 03-3293-7061　FAX 03-3293-7063　振替口座 00180-9-32919

落丁・乱丁本はお取りかえします　　印刷・中央印刷　製本・永澤製本

本書の内容の一部あるいは全部を無断で複写複製することは，著作者および出版者の権利の侵害となりますので，その場合は予め小社あて許諾を求めて下さい。

ISBN 978-4-8394-2060-4